Manuela Widmer · Sprache spielen

Erzieherische Praxis
Herausgegeben von Anne Maria Hagenbusch

Manuela Widmer

Sprache spielen

Vom Kinderreim zur Spielszene

Modelle spielenden Gestaltens mit Musik und Tanz
in Kindergarten und Elternhaus,
angeregt durch verschiedene Sprachformen

Verlag Ludwig Auer Donauwörth

Für Jakob Aaron

Gedruckt auf umweltbewußt gefertigtem, chlorfrei gebleichtem und alterungsbeständigem Papier.

1. Auflage. 1994
© by Ludwig Auer GmbH, Donauwörth. 1994
Alle Rechte vorbehalten
Titelfoto: Manuela Widmer
Alle anderen Fotos: Michel Widmer
Gesamtherstellung: Ludwig Auer GmbH, Donauwörth
ISBN 3-403-02221-8

Inhalt

Verzeichnis der Texte

Vorwort

Sprache sprechen, das ist vertraut. Sprache singen, das tun wir auch. Wir reden viel, wir singen seltener; im Alltag haben wir uns eine Menge zu sagen, zu besonderen Gelegenheiten singen wir Lieder. Sprache bewegen, tanzen, musizieren – *Sprache spielen – wie macht man das?* Hier wird uns die Sprache in ihren vielfältigen Formen zum Spielball. Wir lösen sie aus ihrem alltäglichen Rahmen, nehmen sie „aus der Pflicht", immer etwas aussagen zu müssen, zu informieren, zu instruieren, zu kommentieren, zu interpretieren und schenken ihr einen Spielraum, in dem sie auf Spieler trifft, die noch unbefangen genug sind, um diesen Spielball aufzufangen und kraft ihrer Phantasie weiterzureichen: auf Kinder.

„Spiel mich", forderte mich einmal ein, der üblichen Sprachregeln noch nicht ganz mächtiges zweieinhalbjähriges Kind auf und ich spürte plötzlich, daß hinter dieser Kindersprache mehr steckte, als Unfertigkeit des Satzbaus. Für mich wurde diese Aufforderung zum Symbol einer ganz besonderen Einstellung des Kindes zum Spiel, es weist hin auf die *Identität im Wesen* zwischen dem Phänomen Spiel und dem Phänomen Kind – beides: die Sache des Spiels und die Person des Kindes möchte ich hier als Phänomene benennen, denn beide scheinen mir trotz mannigfaltiger Versuche nicht abschließend in ihrem Wesen erklär- und erfaßbar zu sein. Von der *Identität im Wesen* spricht der Kulturanthropologe Jan Huizinga, wenn er die Verwandtschaft von Musik, Tanz und Spiel beschreiben will (vgl. *Huizinga* 1987, S. 180) und damit schließt sich der Kreis, wenn es auf den folgenden Seiten um Spielmodelle geht, mit denen Kinder angeregt werden sollen, Sprache in vielerlei Formen im Spiel zu sprechen, zu singen, zu musizieren, zu tanzen und darzustellen.

Also spielen wir mit ihrem Klang und ihrem Rhythmus, mit ihren Bildern, ihrem Inhalt . . .

... und dann sprechen wir und wispern,
rufen, plappern, flüstern,
singen, säuseln wie der Wind –
das kann jedes Kind!
Und was können wir, die „Großen" tun? Liebe Erzieherinnen, liebe
Erzieher, liebe Eltern und Großeltern, liebe Geschwister, Tanten,
Onkel, Freunde und Freundinnen – spielt mit!

An dieser Stelle sei auch den Erzieherinnen und Kindern des Kindergartens Hallein-Neualm bei Salzburg herzlichst für ihre Bereitschaft und Spielfreude gedankt! So war es meinem Mann Michel
Widmer möglich, meine Arbeit photographisch so lebendig zu
dokumentieren.

Salzburg, im Frühjahr 1994   *Manuela Widmer*

1. Einführung

1.1 Einige Grundgedanken...

● *Musik und Tanz als Künste*...

Musik und Tanz für Kinder als Künste für kleine Künstler, die kaum eine Scheu kennen, sich neugierig und mutig auf Anregungen einzulassen. Musik und Tanz bündeln und finden sich im Spiel der Kinder. Sie entdecken selbst viel und nehmen darüberhinaus gerne neue Spielregeln an und freuen sich an Spielmaterial vielseitiger Art, das sie sich nicht selbst beschaffen können.

● *Kindzentriert planen*...

Kindzentriert planen bedeutet immer auch eigennützige (didaktische) Wünsche zurückzustellen; zumindest aber, sie ständig einer ehrlichen Prüfung zu unterziehen: haben sie noch Gültigkeit im Hinblick auf die Kinder selbst, ihre Wünsche, Möglich- und Fertigkeiten?

● *Lustvolles Tun und Lernen*...

Es geht darum, die lustvollen Momente, die sich im musikalisch-tänzerischen Tun ergeben zu betonen und zu nützen für die Aufforderung, Neues als Herausforderung zu erleben und anzunehmen und nicht als Hürde, die man lieber umgeht.

● *Mit Kindern spielen und gestalten*...

...bedeutet fachliches Können gepaart mit einer spielerischen Grundeinstellung einzusetzen. Sich ernsthaft (ernstnehmend) bemühen um Qualität, das fachliche Angebot, Lieder, Tänze, Texte, Musik wie auch die Ausführung betreffend.

● *Spielerische Grundeinstellung*...

Eine spielerische Grundeinstellung zum Kind wie zum gemeinsamen Thema setzt sich zusammen aus einem hohen Grad an Wahrnehmungsfähigkeit, einer ausgezeichneten Beobachtungsgabe, einem großen Maß an Einfühlungsvermögen (Empathie) und einer (aus- oder weitergebildeten und geübten) Beweglichkeit von Körper *und* Geist. Spielerisch meint nicht *verspielt!*
Scheuerl betont eindringlich, daß sich hinter scheinbarer Mühelosigkeit oft äußerste Anspannung verbirgt und eine ungeheure Disziplinierung dazugehöre, der Spur des Spiels unmittelbar zu folgen, ohne sich durch eigensinniges Wollen aus der Bahn werfen zu lassen (vgl. *Scheuerl* 1990, S. 174 und 153).

● *Ins Spiel kommen*...

Mit das wichtigste Anliegen der Erzieher sollte es sein, mit den Kindern ins Spiel zu kommen und zu versuchen, auch im Spiel zu bleiben, voller persönlicher Hingabe und mit dem, für einen kunstvollen musikalisch-tänzerischen Spielablauf geforderten Ernst. Wir neigen viel zu sehr dazu, Spiele wegen Nichtigkeiten zu unterbrechen – jeder kennt solche Situationen – anstatt unsere ganze Kraft und unser gutes Vorbild für das Spiel einzusetzen! Auch unserem *eigensinnigen Wollen* (s. o.), einer didaktischen Spur zu folgen und die Kinder dabei aus den Augen zu verlieren, müssen wir lernen, viel kritischer zu begegnen.

● *Weitere Fähig- und Fertigkeiten*...

– fachliches Können (auch technische Fertigkeiten)
– persönlicher Einsatz und Mut zur Darstellung
– Kooperations- und Kommunikationsfähigkeit
– Humor und Witz
– Sinnlichkeit und Feinfühligkeit
– Ehrlichkeit und
– Spielfreude...

● *Was Kinder von uns erwarten können*...

...im Allgemeinen
- Achtung ihrer kindlichen Persönlichkeit
- Anerkennung ihrer Eigenart(en)
- Förderung ihrer Fähigkeiten
- Schutz gegen Angriffe Stärkerer
- Stärkung ihres Selbstwertgefühls
- Entwicklung ihrer Ausdrucksmöglichkeiten

...im Besonderen
- Spielraum – Spielformen – Spielregeln – Organisationshilfen für Musik- und Tanzerlebnisse, -erfahrungen, -übungen, -spiele und -formen.
- Zunächst ist das Bedürfnis nach alleinigen, ganz persönlichen Erfahrungen zu unterstützen, zu verstehen und zu fördern, dann auch die Spielformen mit einem Partner, mehreren Partnern und schließlich mit einer Gruppe von Gleichgesinnten (nicht unbedingt immer nur Gleich*altrige!*) also z. B. auch mit den Eltern und Geschwistern.

● *Womit wir bei den Kindern rechnen können*...

Kinder besitzen noch die natürliche Gabe, anderen Menschen und ganz besonders den „Großen" zu vertrauen. Auf dieses Vertrauen können wir bauen, wenn wir es nicht zu oft enttäuschen! Nicht zu vergessen die ... *spontane Fähigkeit und die Lust des Kindes zu spielen (als) der wichtigste Posten in der pädagogischen Rechnung,* wie Andreas Flitner es formuliert und er fährt fort: *Alle Erzieher-Anstrengungen sind auf sie angewiesen und können nur dort etwas erreichen, wo sie mit dieser Kraft zusammenarbeiten, darauf aufbauen, sie erhalten, kräftigen und ergänzen (Flitner 1974, S. 108).*

13

1.2 Das Sprachverhalten von Kindern im vorschulischen Alter

Verstehen wir, was Kinder verstehen? Wie reagieren wir, wenn sie mit ihren verbalen Andeutungen, die reich mit Gesten geschmückt sind, uns an ihren Gedanken teilhaben lassen wollen? Wie beantworten wir dann ihre gedankliche Sprunghaftigkeit, mit der sie raumzeitliche Grenzen leichtfüßig überwinden? Können wir mithalten, wenn ein achtlos dahingesagtes Wort bei den Kindern Assoziationen auslöst, die zu unendlichen Sprachspielereien führen und in uneinholbare „Albernheit" münden...?

Uns sollen hier die Phänomene des kindlichen Sprachverhaltens vor allen wissenschaftlichen Erkenntnissen interessieren.

Kindliches Denken, Fühlen, Ahnen und Wollen spiegelt sich in dem wider, was sie uns mitteilen. Da zeigt sich der Zusammenhang von denken und sprechen. In ihren Sprachbildern, die sie schaffen, vermitteln sie uns nicht selten auch einen Teil ihres Weltbildes:

Die Sonne, die Wunder macht, tanzt.
Sie gibt Licht hier, sie gibt Licht dort.

Im offenherzigen Ausdruck ihrer Sprache offenbaren sich ihre Wertvorstellungen, ihre Gefühle und Ängste, begleitet von einer großzügigen Körpersprache.

Wenn Kinder uns etwas erklären wollen, besticht die große Ernsthaftigkeit, Konzentration und Bemühtheit. Die Intensität ihrer Bemühungen spiegelt sich unübersehbar in ihrer Mimik und Gestik wider. Sie präsentieren uns ihr Wissen, ihre Phantasien, ihre Vorstellungen und Eindrücke von der Welt, wie sie sie wahrnehmen können. Mit noch unverstandenen Zusammenhängen gehen sie z. T. recht großzügig um. Allerdings findet sich neben phantasievollem Weiterdichten (wenn das Wissen ein Ende hat) auch das Eingeständnis „Das weiß ich nicht" oder „Das weiß ich nicht so genau". Die Logik des Denkens ist manchmal frappant, manchmal haarsträubend (...in unserem Verständnis von logischem Denken!). Häufig suchen die Kinder nach Vergleichen aus ihren täglichen Erfahrungen. Manchmal beschreiben sie uns Dinge oder Geschehnisse und konfrontieren uns mit Assoziationen, die für uns nur schwer nachvollziehbar sind – ja geradezu absurd erscheinen! Das Offensichtlichste, Logischste, unmittelbar (für uns) Wahrnehmbare an einem Gegenstand oder einer Situation interessiert sie oft überhaupt nicht, ja kommt ihnen auch bei längerem Verweilen bei einem Thema garnicht in den Sinn!

Wichtig ist und wahrgenommen wird
– wie etwas aussieht und sich anfühlt
– was mich das angeht
– was es für Erwachsene bedeutet (oder bedeuten könnte)
– wo (wie, wann) ich das erleben kann (oder erlebt habe)
– wo (wie, wann) noch (Variationen)
– wie (wo, wann) ich mir das besorgen kann (z. B. beim Bäcker Brezel in der Tortenstraße)
– ob ich das (den, die) mag
– ob ich das tun kann (oder will)
– ob ich das im Fernsehen gesehen habe
– ob mir das Erwachsene erzählt haben

Die „Eltern" der Untersuchungen über die Kindersprache Clara und William Stern schreiben: „Ursprünglich kommt die Art, wie ein Mensch sich in irgendeiner Situation gibt, in einer Gesamtaktion des Organismus zum Ausdruck, in welcher Gebärdung, Mimik und Handlung mit den begleitenden Lauten eine untrennbare Ganzheit bildet" (*Stern* 1928/1987, S. 123).

Und so halten wir uns vor Augen: das Kind im vorschulischen Alter erzählt mir etwas mit lebhaft umherblickenden Augen und ausdrucksstarken, große Linien in die Luft zeichnenden Händen; seine Stimmlage ist hoch, senkt sich plötzlich fast zum Flüsterton und ebbt ab in einem Seufzer. Ein anderes Kind hat mir einen überaus wichtigen Bericht über sein neues Geschwisterchen abzugeben. Es steht aufrecht vor mir, schaut mich unverwandt an, seine Hände ergänzen seine Worte, mit denen es mit tiefer Stimme (es ist ja jetzt das „Große") und gewählter Ausdrucksweise genaue Größen- und Gewichtsangaben macht. Eines weint voll Zorn, schlägt die Hand vor das Gesicht. Der Mund ist weit aufgerissen, der Heulton geht durch Mark und Bein, wird aber bald schon reizvoll variiert: erhebt sich in sopranistische Höhen, gekrönt von kleinen Schreien, bricht kurz ab, um danach in der Tiefe umso herzzerreißender neu anzusetzen. Langsam läßt die Kraft nach. Ein anderes Kind hat sich zum Trösten dazugestellt, es tröpfeln noch ein paar Jammertöne hinterdrein... Später sitzt es in der Puppenecke. Eine Puppe wird ausgezogen und ins Bettchen gelegt, das Kind singt rezitierend, meist auf einem Ton, manchmal auf einen höheren oder tieferen ausschwingend vor sich hin: „Meine kleine Suuuuusi, jetzt mußt du schlafen gehen. Ich halte dich ganz fest in meinem Arm, du mußt keine Angst haben. Schlaaaaafe ganz guuuuut, du kleine Suuuusi..."

1.3 Anmerkungen zu einem anregenden Erzieherverhalten

• Im Spiel mit Kindern wird die Erzieherin* einerseits zur Mitspielerin und andererseits zur Initiatorin und Helferin.
Sie muß bereit sein, eine gewisse Verantwortung für den Verlauf des Spiels zu übernehmen, ohne dabei die Eigendynamik der Kindergruppe aus den Augen zu verlieren.

• Jedes Spiel braucht eine entspannte Atmosphäre, in der erst die richtige Spiellust aufkommen kann. Kinder sind leichter in eine Stimmung zu versetzen, die zum kreativen Gestalten anregt, als Erwachsene. Daher ist es besonders wichtig, daß sich die Erzieherin klar darüber ist, ob *sie* Lust auf ein Spiel hat; dann wird es ihr viel leichter fallen, die richtigen Worte zu finden, um die Aufmerksamkeit der Kinder für ein Spiel zu gewinnen.

• Die meisten Spielideen, die sich hier rund um kleine Texte, Lieder und Geschichten drehen, gehen vom Gestalten in einer Gruppe von ca. sechs bis zwölf Kindern aus. Wenn die Kindergruppe größer ist, werden wir auf differenzierte Gestaltungen verzichten müssen, oder aber die Spielvorschläge jeweils mit einem

---

* Ich habe mich für die weibliche Form *Erzieherin* entschieden, da in dem sozialpädagogischen Feld des Kindergartens nach wie vor vorwiegend weibliche Erzieher tätig sind.

Teil der Großgruppe ausführen und die anderen zuschauen und beobachten lassen. Mit weniger als sechs Kindern (z. B. in der Familie) kann man in den meisten Fällen die Spielideen so abwandeln, daß sie der anderen Gruppensituation entsprechen.

• Um kreative Spiele in einer Gruppe von Kindern im vorschulischen Alter anzuregen, ist ein differenzierter Kontakt auf verschiedenen Ebenen unumgänglich.

Folgende Stichpunkte sollen bebildern, was eine Erzieherin alles wahrnehmen und wie sie reagieren kann:

Blickkontakt
– Die Erzieherin schaut in die Runde, versucht Blickkontakt mit jedem Kind aufzunehmen;
– sie lächelt zurückhaltenden Kindern auffordernd zu;
– sie wendet sich einem erzählenden Kind es anblickend zu;
– sie vermeidet Blickkontakt, wenn sie entschieden hat, ein bestimmtes Verhalten eines Kindes möglichst zu ignorieren.

Körperkontakt
– Die Erzieherin ist zunächst offen für Berührungen, die die Kinder suchen, setzt aber Grenzen, wenn es ihr persönlich zu viel wird („Du bist mir zu schwer; bitte laß mir etwas mehr Platz; jetzt wird mir aber zu warm, wenn wir so dicht beieinander sitzen; rücken wir etwas auseinander, damit alle sehen können. .")
– Sie berührt Kinder leicht (z. B. am Arm, an der Schulter, streicht leicht über Kopf oder Rücken), wenn das Kind sehr unruhig, unkonzentriert, abwesend ist (scheint) und bereitet so auch Sprachkontakt vor.
– Sie scheut sich nicht, im Bewegungsspiel mitzumachen (soweit, wie es ihr angenehm ist!) und dabei für die Kinder ebenso berührbar zu sein, wie die Kinder füreinander.

Sprachkontakt
– Die Erzieherin nennt die Kinder möglichst immer beim Namen, wenn sie etwas von ihnen will;
– sie erzählt;
– sie versucht in klaren, kurzen Sätzen Aufgaben (Übungen, Spiele) zu beschreiben;

– sie antwortet auf Fragen der Kinder ernsthaft und auf den Inhalt der Fragen bezogen – aber sie weitet ihre Antworten nicht aus auf Fragen, die gar nicht gestellt worden sind ...

– sie beschreibt mit anerkennenden Worten, was Kinder geleistet haben (sie zeigt ihnen damit, daß sie ihre Leistung „erkannt" hat), z. B.:

„Du hast eine Melodie auf dem Xylophon gefunden!"
„Ja, ich habe gesehen, daß du dich dreimal gedreht hast, ohne umzufallen!"
„Du hast dich genau an das Lied erinnert!"

Solche Beschreibungen genießt das Kind viel intensiver, als stereotype Lobformeln, die für andere Kinder und Situationen oftmals nur geringfügig variiert werden. Hüten sollte sich die Erzieherin also vor allzu häufig ausgestoßenen Rufen, wie:

„Super!", „Toll!", „Klasse!"

– Sie beschreibt aber auch ernsthaft schwierige Situationen und Konflikte, die die Kinder zwar genau empfinden, aber nicht verbalisieren können. Durch die Verbalisierung des Konfliktes wird eine Lösung oftmals bereits angebahnt!

• In keiner erzieherischen Situation darf die Vorbildfunktion des Erwachsenen unterschätzt werden! Kinder erwarten eine Menge von uns und sie trauen uns auch eine Menge zu. Wir müssen bereit sein, ihnen mitzuteilen, was wir kennen und können. Auch im kreativen Bereich spielt das Vorbild eine wichtige Rolle.

In jedem Moment unseres Zusammenseins mit Kindern wird das, was wir tun oder nicht tun, das, was uns Spaß macht oder vor dem wir uns drücken, das was uns aufregt oder langweilt von den Kindern genau beobachtet und prägt oder beeinflußt zumindest auch ihr Handeln, Denken und Fühlen. Je bewußter uns das ist, umso disziplinierter werden wir unser eigenes Verhalten reflektieren – das sind wir dem Kind und dem Beruf, den wir gewählt haben, schuldig!

1.4 Stichworte zur spielenden Gestaltung von Sprache

„Poesie ist, wenn Wörter klingen", meint ein Sechsjähriger. „Wo die Sprache aufhört, fängt der Gesang an, ein Frohlocken des Geistes, das aus dem Klang der Stimme hervorbricht", sagt Thomas von Aquin sicher aus Erfahrung.

„Ein Vers ohne Musik ist eine Mühle ohne Wasser" hat Folquet de Marseilles 1231 aufgeschrieben und die fünfjährige Anna aus einem Kindergarten in Sizilien hat ein Lied erfunden und erklärt" „Es gab ein Lied das flog und ich habe es eingefangen!" Alle beschwören das Klingen und Singen, die Musik der Sprache. Das ist die Sprache, und das Spiel mit ihr, um das es hier geht:

- *einzelne Wörter,* deren besonderen Klang wir entdecken, vergleichen, verändern – das Lautmalerische unserer Sprache *(krachen, knistern – rumpeln, pumpeln – scheppern, steppern)*
- *Klangwörter,* die wir erfinden, angeregt durch Beobachtungen, die wir in unserer Umgebung anstellen – sogenannte Onomatopöien, lautimitierende Wörter, wie man sie auch in Comics findet und die vielen Kindern aus Zeichentrick-Serien bekannt sind. Wir wollen versuchen, kreativ mit diesen Sprachklangelementen umzugehen und Klischeevorstellungen zu erweitern (*Tropf, tripf, tropf,* es tropft der Regen...; *Tschip, tschip, tschip,* singen die Vögel und welche Wörter kennt ihre Sprache sonst noch?)
- *Klänge,* die wir kraft unserer Phantasie Phänomenen geben können, die wir eigentlich nur sehen – so wird es möglich, daß wir für das sichtbar Farbige um uns herum die verschiedensten Klangfarben einsetzen, die unsere Stimme sowie Instrumente und Klangspielmaterial erzeugen können (so entsteht eine *klingende Blumenwiese,* oder Musik zur *tanzenden Sonne* und zum *Abendspaziergang des Mondes*).
- Der *Rhythmus* von Texten regt uns schließlich besonders zu Bewegungs- und Tanzspielen an, aber auch zum dazu Musizieren. „Der Rhythmus ist die einigende Kraft von Sprache, Musik und Bewegung", schreibt Carl Orff und begründet darauf seine Elementare Musik- und Bewegungserziehung, das „Orff-Schulwerk".

- Die *inhaltliche Aussage* bleibt natürlich über allen Aspekten meistens für die Darstellung mitbestimmend. Sei es für die Stimmung, für den Charakter; sei es für die Art der Bewegung, ihre Dynamik, ihr Tempo, ihren Ausdruck und deren musikalische Begleitung, Ausschmückung, Übertragung.

Für die Erzieherin verlangt das kreative Spiel mit der Sprache die Bereitschaft zu intensiver Vorbereitung, ganz besonders durch viel Eigenerfahrung. Nur durch das Lesen der Texte und Hinweise alleine stellt sich nicht die Fähigkeit ein, am nächsten Morgen im Kindergarten mit den Kindern ein anregendes Spiel zu entwickeln! Die Vorbereitungen können zu Hause getroffen werden, indem die zu behandelnden Texte möglichst laut auf immer wieder andere Weise gesprochen, geflüstert, gebrummt, gepiepst – und gesungen werden. Das klingt sehr merkwürdig, aber erst durch die Vielfalt der Interpretation entdeckt man den Text wirklich! Man erkennt die Dynamik, die Form und die Art seiner Aussage. Und man erfaßt die Spielmöglichkeiten, man lernt mit der Zeit, sich immer schneller vorstellen zu können, wie die Kinder darauf reagieren werden, welche Einfälle sie aller Voraussicht nach selbst noch beisteuern werden und wo sie Impulse von uns Erwachsenen erwarten und brauchen. Niemals ist man natürlich sicher vor erstaunlichen Überraschungen aller Art, was die Reaktion der Kinder betrifft – das ist auch gut so! Denn sonst würde unsere Arbeit die Spannung verlieren, die sie so ein Leben lang abwechslungsreich erhält!

Um sich besonders intensiven Eigenerfahrungen zu stellen, sollten Erzieherinnen immer wieder Fortbildungsveranstaltungen besuchen. Alle zwei Jahre mindestens sollte man sich vielleicht mit einer Kollegin zusammentun und die vielfältigen Angebote zur Weiterbildung im Bereich der Elementaren Musik- und Tanzerziehung nützen. So eine Woche (oder Wochenende) vermittelt eine Fülle von neuen Eindrücken, ermöglicht Kontakte mit Berufskolleginnen und macht meist viel Spaß. So *aufgetankt* begegnet man zu Hause den Kindern im Kindergarten mit frischer Motivation.

1.5 Erläuterungen zur Auswahl der Texte

In Gedichten für Kinder, von einfühlsamen Erwachsenen erdacht, ist die Möglichkeit versteckt, Kinder in ihrem Denken, Fühlen und Wollen zu verstehen – auch wenn sie selbst sich sprachlich so nicht ausdrücken können. Viele Texte, die ich für die nachfolgenden Spiele ausgesucht habe, sind geprägt davon, daß Kinder sie zwar verstehen, d. h. ihren tieferen oder auch witzigen Sinn empfinden können, die sie aber so selbst niemals sprachlich formen könnten. Das bedeutet meiner Meinung nach keineswegs eine Überforderung! Kinderdichter haben sich selbst eine Menge Gedanken darüber gemacht, wie und was man am besten für Kinder schreibt. Faßt man ihre Forderungen, die sie an gelungene Gedichte für Kinder stellen zusammen, kommt man auf folgende Eigenschaften, die gleichermaßen für Inhalt und Ausdruck des Gedichtes selber, wie auch für dessen sprachlich-musikalisch-darstellerische Gestaltung Gültigkeit haben:

– Direkt und natürlich,
– präzise und leicht,
– einfach und unmittelbar,
– echt und redlich,
– anmutig, witzig, artistisch,
– heiter, lustig, ulkig, frech, verdreht...
(vgl. *Hoerburger/Widmer* 1992, S. 115)

Einige Texte stammen aus einer Sammlung, die sizilianische Erzieherinnen zusammengestellt haben. Aufgeschrieben wurden Texte und Aussprüche, die von einzelnen Kindern und gelegentlich auch gemeinsam im Gruppengespräch erzählt wurden.
Der starke Ausdruck der Gedichte wird oft durch Zeichnungen noch unterstrichen – einige finden sich auf diesen Seiten.
Manche Texte verlangen nach weiteren Strophen oder nach Variationen im gleichen Stil. Das soll Mut machen, überhaupt Texte selber zu erfinden. Anregungen dazu findet man im „Handbuch für die Ausbildung von Erzieherinnen und Erziehern *Musik- und Bewe-*

gungserziehung" auf den Seiten 115–118 (*Hoerburger/Widmer* 1992). Inhaltlich versucht das Angebot möglichst ausgewogen zu sein. Es finden sich Naturbeschreibungen und -phänomene ebenso wie Tiergedichte und -geschichten. Umwelt- und Alltagstexte und Märchenhaftes. Kritisches zum Nachdenken sowie Phantastisches zum Wundern. Wenig ernstes, aber manch besinnliches und viel lustiges Sprachmaterial soll Erwachsene und Kinder gleichermaßen neugierig machen!

Harun al Raschid, ein großer Sultan aus dem Morgenland längst vergangener Zeiten, gibt uns für den Umgang mit all dem Aufgeschriebenen der folgenden Seiten noch einen guten Ratschlag mit auf den Weg, dem ich mich (... augenzwinkernd) anschließen möchte:

„Ich bitte Euch, beim Vortrag dieser köstlichen Geschichten (... und Gedichte) Euch einer überschwenglichen Ausdrucksweise zu befleißigen!"

2. Die Zusammenarbeit mit den Eltern

2.1 Gelegentliches Einbeziehen von Eltern in den Kindergartenspielalltag

Eltern bringen ihre Kinder tagtäglich in den Kindergarten und holen sie nach einem halben oder ganzen Tag dort auch wieder ab. Diese kurze, aber verläßliche Tatsache läßt sich immer mal wieder für eine Einbeziehung eines Elternteils in das Spiel der Kinder nützen. Stehen bereits drei oder vier Mütter oder Väter wartend vor der Tür, um ihr Kind abzuholen, werden sie von der Erzieherin spontan eingeladen, das Ergebnis eines kleinen, an diesem Vormittag erarbeiteten Spiels zu beobachten. „Einen Blick in die Werkstatt werfen", kann dieser Moment von der Erzieherin genannt werden. Nicht nur musikalisch-sprachlich-szenische Ergebnisse können so kurz präsentiert werden, auch Gemaltes, Gesungenes, Getanztes. Es muß nicht alles perfekt funktionieren! Es ist keine Aufführung, die hier zwischen „Tür und Angel" gespielt wird, sondern ein Einblick in ein Stück Kindergartenspielalltag. Am Morgen, wenn die Kinder nach und nach im Kindergarten eintreffen, kann ein gemeinsames Begrüßungsspiel arrangiert werden, das quer durch alle Räume und Gänge führt und alle, alle hängen sich an und machen mit, bis die Schlange so lang geworden ist, daß wir das Spiel beenden, die Eltern verabschieden und uns auf unsere Gruppenräume zurückziehen.

Als Beispiel dazu sei auf das Gedicht „Kommt ein Bär" (S. 61) hingewiesen, das verschiedene Tiere und ihre Fortbewegungsarten zum Inhalt hat. In der langen Schlange, die die Erzieherin anführt, werden die Bewegungen der genannten Tiere gemacht. Viele weitere Tiere und ihre Bewegungsarten werden dazuerfunden und schließlich brauchen wir uns nicht einmal mehr Tiere auszudenken, sondern lassen jeweils den Kopf der Schlange (der jetzt immer wechselt!) entscheiden, wie wir uns bewegen sollen – und Eltern und Kinder schauen, daß sie mitkommen und die Schlange nicht zerreißt! Dazu kann eine lebhafte Musik eingespielt werden. Gelegentlich können auch Eltern, die es sich zeitlich einrichten können, zu einer bestimmten Zeit am Vormittag oder Nachmittag zum Mitspielen in den Kindergarten eingeladen werden. Dabei handelt es sich aber um besonders vorzubereitende Spielmomente, da es für die Erzieherin immer eine Herausforderung besonderer Art ist, Erwachsene und Kinder zur gleichen Zeit zum gemeinsamen Spiel anzuregen.

Solche „Stunde der offenen Tür" kann den „Tag der offenen Tür" ergänzen. In der „offenen Stunde" geht es um spezifische Spielmomente, bei denen die Mitarbeit und Mithilfe weiterer Erwachsener für das Spiel von besonderer Bedeutung sind. Hier sei als Beispiel das Gedicht „Nächtliches Vergnügen" (S. 76 ff.) angeführt, wo es erst so richtig schön *wuselt,* wenn die Großen mitspielen...

2.2 Gestalten von Kindergartenfesten unter Einbeziehung der Eltern als Helfer und Mitspieler

Mindestens einmal im Jahr gestaltet fast jeder Kindergarten ein Fest. Meist handelt es sich um ein Sommerfest, um die Kindergartenabgänger zu verabschieden, die Jahreszeit zu nützen und eventuell den Garten mit einzubeziehen. Kleinere festliche Anlässe im Jahreskreis regen zu verschiedenen Aktivitäten ein, die auch bescheidener in der Ausführung ausfallen können (Weihnachten, Muttertag, Geburtstage usw.). Größere Projekte brauchen die Mithilfe der Eltern. In der Zusammenarbeit auf ein gemeinsames Ziel hin, kann ein lebendiger Kontakt entstehen, der auch über das Fest hinaus bestehen bleibt und die Atmosphäre im Kindergarten bereichert!
Dabei fühlen sich Eltern emotional besonders angesprochen, wenn sie nicht nur zu Hilfs- und Zulieferdiensten eingeteilt werden, sondern an der Planung, der Organisation wie sogar an den Spielen selbst verantwortungsvoll beteiligt werden. Zunächst wird die Erzieherin erfahren, daß sich Eltern selbst gerne hinter reine Hilfsdienst-

leistungen zurückziehen, weil sie sich nicht mehr zutrauen. Nur bei einigen handelt es sich um echte Zeitprobleme, die anderen sind meist nur schüchtern und würden sich über verstärkte Zuwendung und Ermunterung von seiten der Erzieherin freuen und motivieren lassen!

Zunächst muß die Erzieherin im Team mit ihren Kolleginnen und der Leitung des Kindergartens ein Grobkonzept des vorzubereitenden Festes erstellen, aus dem ersichtlich werden sollte, wo und in welcher Weise Hilfe von den Eltern erbeten werden kann. Auf einem Elternabend, der entsprechend gewichtig und vielleicht auch ein wenig geheimnisvoll angekündigt wird, kann das Spiel- und Festprojekt vorgestellt werden. Der Zeitrahmen vom Elternabend bis zum Festtag sollte sechs Wochen nicht überschreiten. Schnell macht man den Eltern klar, daß ihre Mitarbeit auf ganz verschiedenen Ebenen möglich und gewünscht wird. Sie werden eingeladen

- an drei Abenden in den Kindergarten zu kommen, um gemeinsam mit den Erzieherinnen diverse Vorbereitungen für Dekorationen, Kostüme und manch anderes (je nach Projektthema) zu erstellen;
- zu Hause für den Festtag selbst zu kochen, zu backen;
- jede Woche an einem bestimmten Tag (oder sogar zu zwei Terminen) am Vormittag in den Kindergarten zu kommen, um an den „Proben" zu diversen Spielen aktiv teilzuhaben;
- am Tag des Festes selbst „Dienst" zu tun, d. h. bereits vom frühen Morgen an im Kindergarten für alle anfallenden Arbeiten bereit zu stehen (hier sind besonders auch Väter angesprochen!).

Je nach Projektthema und -umfang werden spezifische Arbeiten anfallen, zu denen die Eltern gebeten werden können. Wichtig scheint mir, daß sich die verschiedenen Eltern auch verschiedene Mitarbeiterrollen wählen können. Sie können im Hintergrund „im Verborgenen" tätig sein, oder auf der Spielfläche, neben ihrem Kind „im Rampenlicht" stehen. Die Aufgabe der Erzieherin ist es in diesem Fall herauszufinden, wer sich wo am wohlsten fühlt und seinen Fähigkeiten entsprechend gefordert ist!
Ein erster Versuch in diese Richtung sollte noch nicht allzu groß

ausfallen. Ein bescheidenes Thema, ein kürzerer Zeitrahmen, genau vorüberlegte Aufgaben für die verschiedenen Ebenen der Elternmitarbeit geben allen Beteiligten die Sicherheit, die nötig ist, um spontan motiviert zu sein. Aus dem guten Gelingen eines ersten kleinen Projektes erwächst ohne viel Zutun die Lust bei allen Beteiligten, bald ein nächstes Projekt ins Auge zu fassen!

Die Beschreibungen zu den Texten der Kapitel „Spiel mit Strophengedichten", „Spiel mit kurzen Geschichten" und „Ein Osterspiel – und andere religiöse Texte" bieten eine Fülle von Material für Projekte. Kleine Darstellungen aus den Kapiteln mit den kürzeren Gedichten und Reimen lassen sich z. T. einbeziehen.

2.3 Gestalten von Elternabenden

Eltern zum Besuch eines Elternabends zu interessieren, ist nicht immer einfach. Viele Erzieherinnen machen Erfahrungen mit Besucherzahlen, die sie wiederum nicht gerade motivieren, sich für den nächsten anstehenden Elternabend besonders viele Gedanken zu machen. So beißt sich aber irgendwann die Katze in den Schwanz! Der Elternabend wird zur Pflichtübung für beide Teile und immer schlechter besucht sein. Informationen lassen sich oftmals per Aushang oder Rundschreiben besser verbreiten, als mündlich auf einem Elternabend. Wenn Eltern sich am Abend aufmachen, um in den Kindergarten zu kommen, sollte sie dort etwas erwarten, was man ihnen schriftlich oder zwischen Tür und Angel beim Abholen oder Bringen der Kinder nicht mitteilen kann!

Gemeinschaftlich etwas erleben sollte die Devise heißen – ohne die Gemüter zu überfordern. Erlebnisse werden gestiftet, wenn Menschen „ganz und gar" angesprochen sind, d. h., daß ich „Kopf, Herz und Hand" berühre, wenn meine Themen und Aktivitäten richtig gewählt und angeboten werden!

Viele Erwachsene scheuen aber gerade vor solchen Begegnungen zurück. Sie sind es nicht mehr gewohnt, so „ganz und gar" gemeint zu sein. Es verunsichert sie, ja es ängstigt sie. Elementare musikalisch-spielerische Aktionen verbunden mit Bewegung (der Begriff „Tanz" löst noch mehr Bedenken aus) bieten eine hervorragende

Möglichkeit, mit *allen* Menschen in Kontakt zu kommen. Für die Erzieherin stellt sich die Aufgabe, ein wenig in die Bereiche der Erwachsenenbildung hineinzuschauen. Was nämlich sicher *nicht* fruchtet, ist das Umgehen mit den Eltern wie mit den Kindern! Aus lauter Höflichkeit und Gutmütigkeit lassen sich zwar manche Eltern (am ehesten noch die Mütter) kurzzeitig auf solche Spiele ein, aber echten Kontakt, wirkliches Vergnügen und Motivation zum Wiederkommen schafft man damit nicht!

Hier ist nicht der Platz, um Material und Methode für den Umgang mit Erwachsenen für das Elementare Musizieren, Tanzen und Spielen zu vermitteln. Hier sei erneut darauf hingewiesen, daß Erfahrungen und eigene Erlebnisse dazu am besten auf einem Fortbildungskurs zum Thema gesammelt werden können, da dort ausgebildete Fachkräfte ja Erwachsenen Erfahrungen vermitteln wollen, die erst mit Kindern gemütvoll umgesetzt werden können, wenn man auch als Erwachsener seine Freude am Spiel hatte! Machen Eltern dann auf Elternabenden ähnliche Erfahrungen, kann man damit rechnen, daß das Interesse und die Beteiligung in Zukunft ansteigen werden.

2.4 Wie Eltern zu Hause mit ihren Kindern weiterspielen können

Diese Fragestellung wäre besonders gut auf einem Elternabend untergebracht! Beginnt man mit einer Reihe von Spielen für die Eltern selbst und schafft dann den Übergang zu Spielen, die man mit den Kindern gemacht hat, läßt sich der „Verwandtschaftsgrad" beider Spielarten schnell feststellen. So angeregt und bereits in gelöster Stimmung kann man nun einmal einsteigen in Spiele, wie sie Eltern mit ihren Kindern zu Hause fortführen können. Anhand von einer kleinen Broschüre, die gemeinsam mit den Kindern gestaltet wurde, vielleicht mit dem Titel „Komm, spiel mit", bietet man den Eltern ein paar handfeste Informationen und Gedächtnishilfen (für Texte und Spielregeln), damit sie in dieser Hinsicht „keine Ausrede" haben ... Eltern, die regelmäßig die „Stunde der offenen Tür" besuchen, können den anderen berichten, wie gut es ist, das Spiel im Kindergarten selbst mit Kindern und Erzieherin kennenzulernen, es dann nach Hause zu tragen, um es dort mit Geschwistern, Oma, Tante, Vater und Neffe zu spielen.

Ein Elternabend kann auch einmal zum Motto haben: „Wie gestalte ich ein Geburtstagsfest für mein Kind", um Spiele, Tänze und Raumschmuck gemeinsam zu bedenken und auszuprobieren. Das Bauen einfacher Instrumente, wie z. B. Rasseln aller Art, bietet eine gute Anregung, um die Fortführung dieser Aktivität nach Hause zu verlegen. Dort können noch Variationen der im Kindergarten gebauten Instrumente entstehen, halbfertige werden fertig gebaut und noch besonders schön verziert. Auch hier helfen Arbeitsblätter unter dem Motto „Für verregnete Sonntage", die verschiedene Bastelanregungen für einfache Instrumente (natürlich auch andere Dinge) beinhalten können (siehe dazu auch die Literaturangaben zum Instrumentenbau).

Zusammenfassend sei betont: Die anschauliche Selbsterfahrung ist in allen Fällen die beste Motivation, um Freude und Mut zum Spiel mit den eigenen Kindern zu finden. Darüber hinaus kann die Erzieherin durch gezielte und anregende Informationsblätter die notwendigen technischen und organisatorischen Hilfen bieten. „Elternmitmachaktionen" im Kindergarten, erlebnisreiche Elternabende, verantwortungsvolles Eingebundensein in größere festliche Projekte bieten einen bunten Strauß an Motivationshilfen, um auch für die Eltern zu verdeutlichen: eine gewisse Zeit lang gehört der Kindergarten zum Leben der ganzen Familie!

3. Gestaltungen zu verschiedenen Sprachformen

3.1 Spiel mit Sprachbildern und Kinderlyrik

Klang- und Bewegungsstimmungen

Ein paar Worte, ein paar Zeilen genügen, um ein Bild vor unserem inneren Auge entstehen zu lassen, eine Assoziation wird frei und – es bricht aus den kleinen Hörern heraus, sie beginnen zu erzählen, zu fabulieren, zu phantasieren...

„...und da war einmal ein soooo groooooßer Vogel..."
„Ich bin auch schon mal geflogen, ehrlich!"
„Und da, und da, und da sind die Vögel Millionen Meter in den Himmel geflogen und ich hab sie immer und immer noch gesehen..."

Hier bereits beginnen die Spiele mit den Sprachbildern. Die Erzieherin sammelt die Kinder um sich ruhig und ohne viel Aufhebens, denn es soll eine *gesammelte* Atmosphäre entstehen! Sie stellt den Text vor, dabei spielt sie bereits mit seinen Möglichkeiten, wiederholt ihn eventuell mehrfach und bietet dabei immer neue Sprachklangvarianten an. Sie begleitet ihre Sprache mit kleinen Gesten, sie vergißt auch nicht, daß ihr Gesicht, ihre Mimik *spricht* – ob sie will oder nicht – besser ist, sie will und ist sich dessen bewußt! Die Kinder werden sie fixieren, „an ihrem Mund hängen", wenn sie sich wirklich mit ganzer Ausdruckskraft der Gestaltung des kleinen Textes zugewendet hat.

Ohne viele Erklärungen, aus dem Text selbst heraus, können sich die Spiele allmählich entwickeln. Hier wirkt besonders stark der Impuls, den die Erzieherin *vorbildlich* den Kindern anbietet. Die Kinder beobachten, zuerst beginnen sie Gesten und mimische Bewegungen, auch Mundbewegungen mitzumachen, dann zieht sich die Erzieherin auf nonverbale Impulse zurück und die Kinder beginnen, sprachklanglich einzusteigen.

Nun wird im ständigen (von der Erzieherin genau beobachteten) Wechselspiel der Text *erspielt, umspielt, gespielt.*

Vom Spiel am Platz haben sich vielleicht längst schon einige Kinder gelöst und bewegen sich zum entdeckten Klangbild im Raum – erneute Sammlung und gezieltere Gestaltungsprozesse sollen nach einer Reihe von experimentellen Spielen der Kinder immer aus den Möglichkeiten des Textes selbst von der Erzieherin angeboten bzw. gemeinsam entdeckt und entwickelt werden.

Es ergibt sich für alle Gestaltungsprozesse folgende Struktur:

1. Experiment
Wir probieren angeregt durch ein Wort, einen Satz, einen Laut, eine Idee *spontan* eine Menge Möglichkeiten aus, damit umzugehen. Grenzenlos, formlos, ziellos.
Z. B.: Die Erzieherin ermuntert die Kinder mit folgender Formulierung zum freien Experiment: „Es gibt so viele verschiedene Vögel – probiert einmal aus, wie sie fliegen!"

2. Improvisation
Wir sortieren die Möglichkeiten, verabreden uns mit anderen, geben uns Regeln, Grenzen. Form und Ziel werden deutlich.
Z. B.: Die Erzieherin hat die verschiedenen *Flugversuche* gut beobachtet und bespricht sich kurz mit den Kindern, bevor sie dann zusammenfaßt, was entschieden wurde:
„Ihr drei habt euch für die großen Vögel entschieden, ihr vier für die kleinen. Die großen Vögel fliegen zuerst ihre Runde, landen dann wieder und schauen dem Flug der kleinen Vögel zu. Dann könnt ihr auch einmal die Rolle tauschen!"

3. Gestaltung
Wir entscheiden uns für eine überschaubare Anzahl von Möglichkeiten, legen einen Ablauf fest.
Form und Ziel sind erreicht.
Z. B.: Aus den *Flugbewegungen und Landemanövern* der großen und kleinen Vögel werden besonders überzeugende Motive ausgewählt. Nicht mehr alle Kinder spielen die Vögel, zur Gestaltung teilen wir die verschiedenen Aufgaben auf. Zeitablauf, Raumwege,

Gruppierung der Mitspieler und ihre Bewegungsmotive werden auf den Gesamtablauf mit musikalischer Begleitung abgestimmt.
Die Grenze zwischen Improvisation und Gestaltung ist meist fließend!

„Gute Reise" (Girotondo 1)

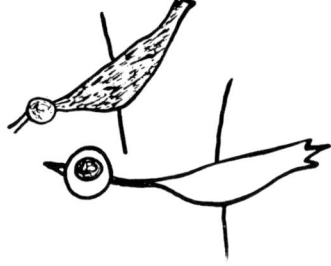

> Ich habe viele Vögel gesehen.
> Sie sind gegen den Himmel geflogen
> und immer kleiner geworden.

- *Mitmachspiel*

Vögel haben Flügel. Wir haben keine.
Aber wir haben unsere Hände und unsere Stimme, und wenn wir uns nah zusammensetzen und unsere Flügelhände flattern lassen und unsere Stimmen die Geräusche des Windes in den Federn der Vögel imitieren, dann können auch wir „Flügelgefühle" haben und

– da! – *sind sie gegen den Himmel geflogen* – und unsere Hände heben sich, strecken sich weit nach oben, die Windgeräusche werden immer leiser, denn unsere Vögel sind *immer kleiner geworden . . .* weg sind sie!

„*Gute Reise!*" rufen wir ihnen nach – aber das hören sie schon nicht mehr.

• *Experimentierphase*

Nach diesem ersten Mitmach-Spiel folgt ein Gespräch und eine ausführliche Experimentierphase, die es den Kindern ermöglicht, ihren raumgreifenden Flugbewegungen Ausdruck zu verleihen. Dabei werden sich viele Kinder ganz ohne Aufforderung mit Stimmlauten begleiten. Die Erzieherin muß nicht ständig *mitfliegen*. Sie kann sich hier am Rande des Geschehens aufhalten, sich auf gestische Andeutungen zurückziehen und die Kinder genau beobachten. Sie erzählt den Kindern (ruft ihnen zu), was sie sieht. Damit spiegelt sie die zumeist unbewußt durchgeführten Bewegungsäußerungen der

Kinder und ermöglicht ihnen spontan, aus dem Spiel heraus Differenzierungen, Veränderungen, Variationen. Sie sagt z. B.

„Ich sehe große Vögel mit breiten Flügeln, die liegen auf dem Wind, sie segeln durch die Luft; ich sehe aber auch kleine Vögel, die müssen kräftig flattern, damit sie gegen den Wind ankommen..." Keine Wertungen haben hier Platz, Beschreibungen sind gemeint!

- *Gestaltungsversuche*

Nach den spontanen gestischen, stimmlichen und tänzerischen Versuchen kann die gezieltere Improvisation und Gestaltung anhand des Textes nun auch noch verschiedene Instrumente und Klangerzeuger einbeziehen:

- Die Erzieherin verwendet Instrumentalklänge, um einige, gemeinsam ausgewählte Bewegungen zu begleiten; dabei formt sie das Material auch bereits, indem sie Elemente wiederholt, wiederkehren läßt, verschiedene Ideen reiht, Unterbrechungen (Pausen) einbaut, den Text integriert usw.

- Schließlich wird aus der Fülle des erprobten Materials mit den Kindern im Gespräch ein Ablauf festgelegt, der nach einigen Übungsdurchgängen, bei denen man noch gemeinsam Verbesserungen einbringt, *aufgeführt* wird.
Hier kann eine Gestaltung folgende Endform haben:
  - Ein Kind spielt einen Beckenschlag; alle lauschen, bis er verklungen ist.
  - Die Erzieherin ruft: „Ich habe viele Vögel gesehen!"
  Alle Kinder fliegen los und begleiten sich selbst mit der Stimme. Man hört Vogelrufe, Piepsen, Rauschen des Windes...
  - Wieder erklingt ein Beckenschlag; alle Kinder kommen zum Kreis zusammen, hocken eng beieinander und während sie gemeinsam immer lauter werdend sprechen „Sie sind gegen den Himmel geflogen"..., stehen sie langsam auf und strecken die Hände nach oben aus und gehen genauso langsam wieder in die Hocke, während sie dazu, immer leiser werdend, sprechen „...und immer kleiner geworden."

● *Eine Ablaufskizze*

Viele andere Lösungen sind möglich! Anhand dieses Textes habe ich besonders ausführlich Prozeß und Gestaltung beschrieben. Die folgenden Spielbeschreibungen kommen mit weniger Worten und mehr Andeutungen aus, um die Phantasie der Ausführenden zu eigenen Wegen und Gestaltungen stärker anzuregen.

„...was ein Holzstoß sagen kann!"

> *„Krach"*, sagt der Holzstoß
> und fällt um.

...aber bis es soweit ist, sagt er noch viel mehr. Denn so ein großer, kunstreich aufgeschlichteter Holzstoß ist kein Kartenhaus, das man so einfach umpusten kann. Da muß es im Wald schon ein ordentliches Gewitter mit Sturm, Hagel und Blitzschlag geben. Da müssen schon einige Wanderer vorbeigekommen sein, die auf dem Holzstoß gerastet haben; da wird sich der eine oder andere Hirsch sein Geweih gerieben haben... Ja, und dabei hat sich der große Holzstoß immer mehr verschoben. Dabei hat es geknackst und geknarrt. Die Holzstücke haben sich aneinander gerieben und geschabt. Schließlich gab es für den Holzstoß kein Halten mehr! – *„Krach!"* – hat er gesagt – und ist umgefallen.

Zum Holzstoßspiel brauchen wir also Kinder, die den Holzstoß darstellen, einige Wanderer und Hirsche und Musiker, die für das Gewitter, den Sturm und schließlich für den Sturz des Holzstoßes passende Klänge spielen.

„...was eine Seifenblase sagen kann"

> *„Blubb!"*, sagt die Seifenblase
> und zerplatzt...

...aber vorher fliegt sie, schillert bunt im Licht, gleitet an mir vorbei, leise umschweben sie bunte Seifenblasentöne – was sagt sie da?

„Sonnentanz" (Girotondo 1)

Marco

> Die Sonne, die Wunder macht,
> tanzt.
> Sie gibt Licht hier,
> sie gibt Licht dort.

Wir drücken unsere Gefühle in Lauten und Gesten aus:

Mmm – wie warm!

Aaaa – wie hell!

Wir sammeln Wörter, die wir mit der Sonne verbinden:
glitzern, scheinen, strahlen, brennen, wärmen, flimmern, sengen,
leuchten, knallen... Aber die Kinder haben vielleicht noch ganz
andere Assoziationen!
Wir tauschen unsere Erfahrungen mit der Sonne aus; welche *Wunder* macht die Sonne?

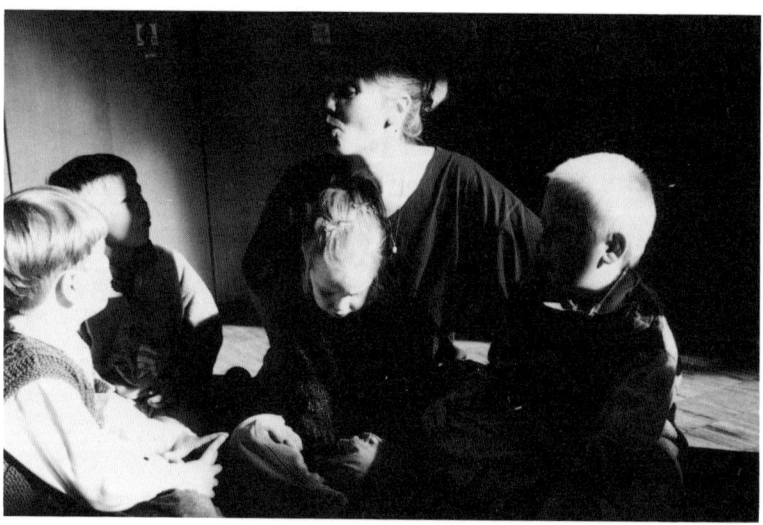

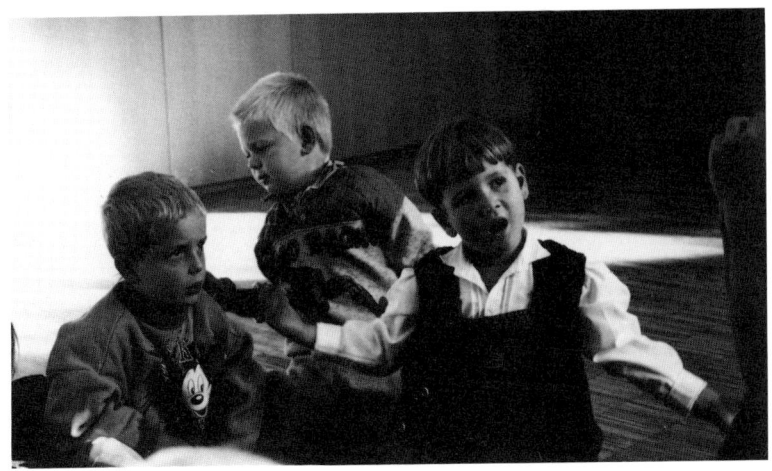

- Sie geht auf und unter in einem wunderbaren Farbenspiel
- Sie wirft merkwürdige, lustige und unheimliche Schatten
- Sie läßt Pflanzen wachsen und kann sie aber auch vertrocknen lassen...

Wie und wo tanzt die Sonne?
Auf den Wellen eines Baches, auf der unendlichen Fläche des Meeres, in den Blättern der Bäume, auf den Blüten der Blumen, mit den Staubkörnchen in ihrem Lichtstrahl...
Sie gibt uns allen Licht. Mir und Dir. Uns.
Mit Sonnenklängen, Sonnenworten, Sonnengesten.

„Abendspaziergang" (Girotondo 1)

> Am Abend,
> wenn ich spaziere,
> spazieren auch die Sterne und der Mond.

Wir machen uns auf die Suche nach Instrumenten, auf denen wir einen *Mond-* und einen *Sternespaziergang* spielen können. Während immer zwei Kinder auf den Instrumenten ihrer Wahl so ihre Musik gestalten, daß sie einander immer noch gut hören können, spazieren

37

die anderen Kinder durch die Nacht. Um die Musik noch besser hören zu können, führt jeweils ein Kind ein anderes, das die Augen geschlossen hat. Nach einer Weile tauschen wir die Aufgaben. Die Erzieherin bespricht mit den Kindern die verschiedenen musikalischen Spaziergänge. Sie stellt Fragen, die die Kinder allmählich dazu führen sollen, sich nicht mit dem erstbesten Versuch zufriedenzugeben, der meist eher einer zufälligen Klimperei entspricht, aus einer rein motorischen Lust an der Bearbeitung des Instruments entsprungen...

Wir tun den Kindern keinen Gefallen, wenn wir sie zu früh und darüber hinaus auch noch unehrlich loben. Kinder haben durchaus einen Sinn für Qualität und könne rasch lernen, diese besser einzuschätzen, besonders wenn sie durch ihre Erzieherin dahingehend ein gutes Beispiel erleben!

„Vogelstimmen" (Girotondo 2)

Die Vögel haben eine Stimme,
aber sie sprechen nicht wie wir.
Sie singen: „Tschip, tschip, tschip,
             ich habe Hunger!"
Oder: „Ich gehe in ein anderes Land,
             weil es hier kalt ist!"
Manchmal streiten sie sich,
weil einer den Wurm vom anderen will,
und sie picken einander.

„Tschip, tschip, tschip", so klingen die Vogelstimmen, wenn sie Hunger haben. Wie klingen sie, wenn sie uns über ihre großen Reisepläne erzählen wollen? Wie klingt ihr Streitgespräch? Zwei Kinder können versuchen, streitende Vögel zu spielen – sie sollen versuchen einander zu picken, ohne *wirklich* Streit zu bekommen. Streit zu spielen, ist für Kinder nämlich nicht einfach! Es sollte der Erzieherin gelingen, auf kindgerechte Weise die Darstellung des Streits durch motivisches Gestalten deutlich zu machen, z. B.

- Im *Streitspiel* berühren sich die Vögel niemals; wenn sie einander im Streitspiel picken, sind sie dabei so geschickt und vorsichtig, daß sie immer rechtzeitig ihre Bewegungen „abbremsen" können!
- Das kann viel Spaß machen, aber darüber hinaus (ohne daß die Kinder das bewußt wahrnehmen), zum Abbau aggressiver Energien führen!
- Zu zweit wird das Vogelstreitspiel geübt:
  Die zwei Vögel umkreisen einander; sie „flattern" aufgeregt mit ihren Flügelarmen, rufen einander „Vogelstreitwörter" zu und machen mit ihrem Kopf (Nase vorausstrecken, denn da ist den Vögeln der Schnabel angewachsen) ruckartige Vorstöße, um das Picken darzustellen.
  Die Erzieherin kann das Streitspiel mit spannenden Klängen begleiten!

„Marktstimmen" (Girotondo 2)

Auf dem Markt
- Bananen!
- Nüßchen!
- Fenchel!
- Zwiebeln!
- Schuhe!
- Kleider!
- Salami!
- Käse!
Um eins geht der Markt zu Ende!
Die Stimmen sind weg.

Da ist viel los! Gedränge und Rufen und alle Marktverkäufer erzählen nur das Allerbeste von ihrer Ware. Jeder will die dicksten Äpfel, die süßesten Trauben, die längsten Gurken, die rundesten Kartoffeln haben – und so rufen sie alle durcheinander – ja bis es ein Uhr schlägt, da hören sie auf zu rufen, es wird still auf dem Marktplatz . . . . . . und wir sitzen ganz ruhig da und unsere Ohren dürfen sich erholen!

„Was uns die alte Dampflok erzählt" (Wilhelm Keller)

(aus den Motiven des *Song der Dampflokomotive* von Wilhelm Keller nachgebildet und mit Hinweisen zur Durchführung ergänzt)

Jössas de Hitzsssss
Jössas de Hitzsssss
Jössas de Hitzsssss

– intensiv entweicht der ganze Atem, wie der Dampf aus den Ventilen der alten Lok;
– dabei zu jedem Ausruf die Hände hochheben und bei „Hitz" schwer auf die Knie fallen lassen – zur Ausatmung sinkt der ganze Oberkörper zusammen.

Höfft's ma
Höfft's ma
Höfft's ma
Höfft's ma

– intensiv hier auf dem „f" verweilen, den Atem langsam entweichen lassen, aber zunehmend rhythmisch sprechen, weil die alte Dampflok nun ja in Gang kommt!

geht scho besser
geht scho besser
geht scho besser
geht scho besser

– rhythmisch und immer schneller und flüssiger sprechen – aber als Atem- und Sprachspiel im Sitzen ausführen. Später kann auch ein Bewegungsspiel dazukommen.

dankschön, dankschön
dankschön, dankschön
huuuuuuuuuuuuuuuuuu
huuuuuuuuuuuuuuuuuu

– etwas heller und noch schneller sprechen – dann:
– das langanhaltende Tuten erholt und entspannt die Dampflokspieler zur rechten Zeit, denn ab jetzt geht's dahin...

es gcht dahinn
es geht dahinn
es geht dahinn
es geht dahinn

– ganz schnell und leicht sollen sich die gesprochenen Silben verbinden und so entsteht ein ganz typisches „Eisenbahngeräusch"

huuuuuuuuuuuuuuuu
huuuuuuuuuuuuuuuu

– ah, wie gut, es geht dahin…

es geht dahinnn
es geht dahinnn
es geht dahinnn
es geht dahinnn

halts mi aufff
halts mi aufff
halts mi aufff
halts mi aufff

– fast wie ein Hilferuf klingen die Laute der Dampflok jetzt!

dankschön, dankschön
dankschön, dankschön

geht scho besser
geht scho besser
geht scho besser
geht scho besser

– allmählich wird die Lok wieder langsamer, bis sie im nächsten Bahnhof (wo soll sie ankommen?) zum Stehen kommt und nach der anstrengenden Fahrt noch einmal stöhnt:

Jössas de Hitzssssss
Jössas de Hitzssssss!

Die verschiedenen Phasen der „Reise" lassen sich immer wieder neu kombinieren, ergänzen durch andere Fahrgeräusche, wie das bekannte „schschschsch". Auch das „huuuu" macht den Kindern erfahrungsgemäß so viel Spaß, daß man die Dampflokomotive durch viele Tunnel wird fahren lassen müssen…
Im Sitzen kommt das Spiel als intensive Atemübung besser zur Geltung, weil sich die Kinder auf die Laute konzentrieren können.

Wenn sie sich dazu im Raum bewegen, steht das Bewegungsspiel im Vordergrund. Aber im Sitzen können die Arme die typischen kreisenden Vor- und Rückbewegungen mitmachen, die die Räder unserer alten Dampflok in Gang bringen.
Die Erzieherin beginnt einfach zu sprechen, die Kinder steigen bei den Wiederholungen ein. Wie oft jeder Abschnitt der „Reise" wiederholt wird, entscheidet die Erzieherin. Die oben angegebene Anzahl der Wiederholung kann als Orientierung gelten.

„Wer spricht denn da?"
„Es gibt viele Sprachen auf der Welt. Wir lernen zuerst die Sprache, die unsere Eltern mit uns sprechen. Später in der Schule können wir noch andere Sprachen lernen, die in anderen Ländern gesprochen werden. Es ist sehr praktisch, wenn man viele Sprachen sprechen kann, weil man dann Menschen kennenlernen kann, die man sonst nicht verstehen würde."
So, oder so ähnlich könnte die Erzieherin das Spiel mit den folgenden Texten einleiten und dann weiter fortfahren:
„Sprechen denn Tiere auch? Spricht die Sonne, der Mond, der Regen oder der Wind? Ja, sie sprechen auf eine besondere, eigene Weise – ganz anders, als wir Menschen, aber wenn wir genau hinhören, können wir viel verstehen – oder aber unsere Phantasie hilft uns, uns etwas vorzustellen!
Aber wie ist es mit den Fischen?
Hören wir, was bei „Fischleins Sprache" alles *nicht* zu hören ist und überlegen wir dann gemeinsam, ob es irgendetwas gibt, was vielleicht auch die Fische uns sagen…"

„Fischleins Sprache" (Alfred Könner)

Leise, leise
zieht das Fischlein
seine Kreise.
Es wispert nicht
und pispert nicht,
es tuschelt nicht
und muschelt nicht.
Es sagt nicht einmal
puh!

„Wollen wir mal die Ohren weit aufsperren und hören, was der kleine Wind, das Windchen, für eine Sprache hat":

„Windchens Sprache" (Manuela Widmer)

Lau, lau
weht das Lüftchen,
weht nicht rauh.
Es wispert nur
und pispert nur,
es tuschelt nur
und muschelt nur.
Und manchmal sagt es
huh!

„Wie klingt denn das ‚Wispern' und das ‚Pispern', das ‚Tuscheln' und das ‚Muscheln', wie klingt das ‚huh' vom kleinen Windchen? Mit den lautmalerischen Wörtern selbst läßt sich gut sprachspielen: wispern (also flüstern) wir das Wort „wisper" wieder und wieder, schneller und langsamer, tonlos und mit ganz wenig, zartem Sprachklang; „pispern" wir auf die gleiche Weise, „tuscheln" und „muscheln" wir besonders genüßlich auf den „u's" der Wörter und am Schluß versucht jedes Kind einmal ganz alleine, ein wunderschönes „Windchen-huh" zu wispern, zu pispern, zu tuscheln oder zu muscheln . . .

...und dann weht das Windchen weiter und wir hören (geflüstert und stimmlos)
SSSsssssss, wiiiiiii, piiiiii, schschschsch – huuuuuh

„Kindchens Sprache" (Manuela Widmer)

> Laut, laut
> ruft das Kindchen,
> schau, schau!
> Es brabbelt gern
> und schnabbelt gern,
> es kappelt gern
> und plappert gern.
> Und manchmal ruft es
> buh!

„Buh! – jetzt habe ich mich aber erschreckt! Rufen kann es laut, das Kindchen! Aber wir probieren auch das Brabbeln, das Schnabbeln, das Kappeln und das Plappern aus und bauen uns lustige und schwierige „Brabbelschnabbelkappelplapperwörter!"

z. B. „Brabbelschnabbelbuh"
    „Plapperkappelkuh"
    „Brabbeli und Brabbelei
    „Schnabbelbrabbel eins zwei drei..."
    „Kappelkabum und Kappelkabauz"
    „Plapperbuh und Plappertam"
    und so weiter und so fort!

Am Ende können im Spiel auch alle erprobten Möglichkeiten zu den drei Strophen der Reihe nach zum Klingen gebracht werden. Die Erzieherin spricht immer die ersten drei Zeilen jeder Strophe, dann folgen die Kinder mit den verabredeten Lautspielen, Sprachklängen, Silben und Wörtern:

Erzieherin: „Leise, leise
        zieht das Fischlein
        seine Kreise"
Die Kinder: ...

„Sommerwinde" (Manuela Widmer)

Sommerwiese voller Düftchen,
Blumen wiegen sich im Lüftchen.
Blätter schaukeln faul am Baum
ich träume einen Sommertraum.
Doch da wird es dunkel,
ich höre Gemunkel –
ein Donner, ein Blitz,
ist das eine Hitz!
Ein kräftiger Windstoß
zerzaust alle Blüten,
denn auch ein Sommerwind
kann schrecklich wüten!

„Winterstürme" (Manuela Widmer)

Winterwald steht starr und stumm
klirrend kalter Wind geht um.
Kräftig und lauter weht der Wind –
viele Flocken tanzen geschwind.
Der Schneesturm fegt tosend durch die Nacht –
es klingt, als ob der Winter lacht!

Nach all den vorangegangenen Gestaltungshinweisen, dürfte es jetzt niemandem mehr schwerfallen, zu diesen Stimmungsbildern sprachspielerische Einfälle zu haben!
Beide Geschichten bilden einen Übergang zum 2. Kapitel. Sie gehören zur Familie der gereimten Gedichte, die einem klaren Rhythmus folgen. Aber ihr Inhalt und die daraus abzuleitenden Gestaltungen gehören zu den Sprachklangspielen dieses Kapitels.
Lassen Sie nun ihre Phantasie spielen! Wählen Sie Sprachklangmaterial zur Begleitung des Textes und finden Sie für die Bewegungsgestaltung Gesten für das Spiel im Sitzkreis sowie Aufgabenstellun-

gen für die Kinder, sich im Raum zu wechselnder Bewegungsbegleitung zu den verschiedenen Winden (zart, kräftig, schrecklich, klirrend, kalt, laut und tosend) zu bewegen.

3.2 Spiel mit Sprüchen, Versen, Reimen

„Hüpf mich – spring mich – klatsch mich – trommel mich"

Vom Klangspiel mit Silben und Sprachlauten gehen wir in diesem Kapitel über zum rhythmisch-melodischen Gestalten von metrisch gebundenen Texten. Texte, die schwingen und springen, hüpfen und trippeln, tanzen, rollen, schweben...
Texte, die das Spiel mittragen, die sich nicht im (Klang)Spiel fast auflösen (können), sondern als Rahmen, als Basis, als Begleitung stabil bleiben, und so können wir uns zwischen ihren Zeilen sicher aufgehoben fühlen!
Sie regen uns an zum rhythmischen Gesten- und Gebärdenspiel – zum Tanzen mit den Händen; zum rhythmisch die Füße setzen, auf einem Bein springen, zum hin- und herschwingen.
Dazu sprechen, rufen, flüstern wir und trommeln, rasseln, blasen und zupfen.
Noch immer sind die Texte recht kurz und doch sind die Spiele rundherum schon komplexer als im ersten Kapitel. Nicht nur Stimmungen werden erfaßt, es kommen nun viele verschiedene Tiere und Dinge vor und das Gewicht liegt auf ihren Bewegungen, die sprachliche und instrumentale Begleitung finden. Die Erzieherin kann die Kinder zum spontanen Mitmachen von Bewegungen zum gesprochenen oder gesungenen Text anregen, um mit dem Gedicht vertraut zu werden; sie kann aber auch erst sprachlich nach und nach, Zeile für Zeile oder Strophe für Strophe das Gedicht vorstellen, ein Gespräch daran anknüpfen, oder die Kinder durch Malen erste Eindrücke ganz individuell verarbeiten lassen.
Später wird das Gedicht wieder aufgegriffen und auf andere Weise ausgestaltet.

„Das leise Gedicht" (Alfred Könner)

> Wer mäuschenstill am Bache sitzt,
> kann hören, wie ein Fischlein flitzt.
>
> Wer mäuschenstill im Grase liegt,
> kann hören, wie ein Falter fliegt.
>
> Wer mäuschenstill im Bette lauscht,
> kann hören, wie der Regen rauscht.
>
> Wer mäuschenstill im Walde steht,
> kann hören, wie ein Rehlein geht.
>
> Wer mäuschenstill ist und nicht stört,
> kann hören, was man sonst nicht hört.

Hier gibt es nicht viel zu tun – oder doch?

Es gilt, sich gemütlich hinzulegen, den Kopf auf die Arme zu betten, die Augen zu schließen und nur zu horchen. Ganz still soll es sein, denn das Gedicht, das die Erzieherin den Kindern nun mit leiser Stimme vorträgt, ist sehr empfindlich! Kaum hört es ein lautes Geräusch, erschrickt es so sehr, daß man nichts mehr von ihm hört...

Also aufgepaßt und mucksmäuschenstill sein – nachher können wir einander erzählen, was wir uns so alles vorgestellt haben zu dem, was in dem Gedicht erzählt wird!

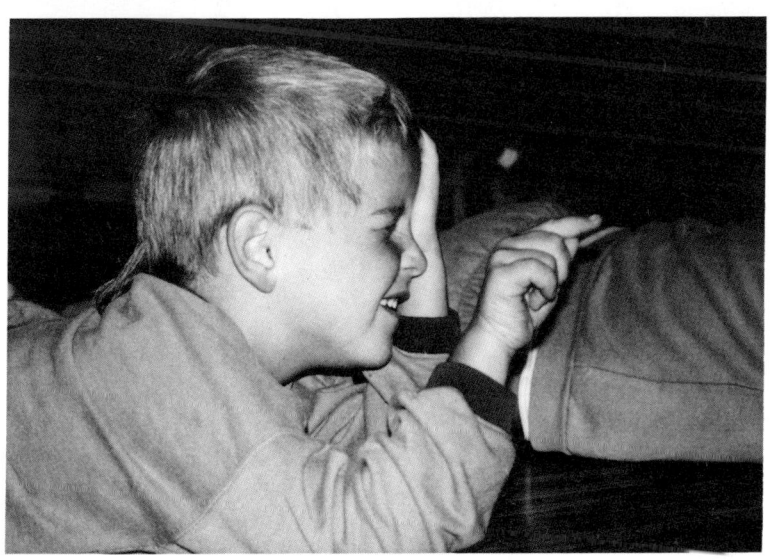

„Tropf, tripf, tropf" (Gerda Bächli)

Text   *Spiel*

> Tropf, tripf, tropf, es tropft der Regen leise auf das Dach.

– die Finger bewegen sich schnell – es regnet von oben nach unten (vom Stand bis zur Hocke kommen)

> Draußen auf den Gartenwegen rinnt ein kleiner Bach.

– die Hände zeichnen verschlungene Wege eines Baches nach

Gern hab ich die Regentropfen, und noch nachts im Bett –

– jeder umarmt und wiegt sich selbst und legt sich nieder

höre ich ihr leises Klopfen auf dem Fensterbrett.

– leise klopft jeder den Regen neben seinem Ohr auf den Boden.

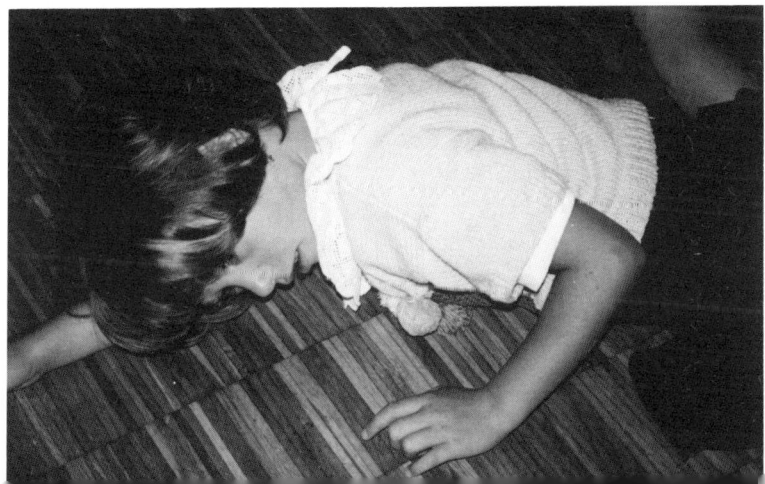

Tropf, tripf, tropf, es tropft der Re-gen lei - se auf das Dach.

Drau-ßen auf den Gar-ten-we-gen rinnt ein klei-ner Bach.

Gern hab ich die Re-gen-trop-fen, und noch nachts im Bett –

hö - re ich ihr lei - ses Klop-fen auf dem Fen-ster - brett.

Auch auf dem Glockenspiel tropfen Töne:

usw.

Gemeinsam erfinden Erzieherin und Kinder noch andere Regen-wörter und lassen es mit Stimmgeräuschen kräftig damit regnen. Dazu kann die Erzieherin die Anregung beisteuern, daß der Regen auf viele verschiedene Gegenstände, Hausdächer, Blätter, Blumen, Seen und Regenschirme fällt und es immer wieder anders klingt – so verändern sich auch die Regenworte von
tropf tripf tropf zu kopp kipp kopp und dopp dipp dopp . . . von plapp plipp plapp zu platsch plitsch platsch und und und und – noch ganz, ganz anders auch!
So kann das Lied, wann immer es wieder gesungen und gespielt wird, jeweils solistisch von einem Kind mit neuen Regenworten begonnen werden.
Angeregt durch das Regenwörterspiel können auch instrumentale Regengeräusche und -klänge als Vor- und Nachspiele gestaltet wer-den. Zwei oder drei Kinder suchen sich bestimmte Instrumente und überlegen, wo bei ihnen der Regen hinfällt und wie das dann klingt

– verschiedene Möglichkeiten werden erst mit allen Kindern besprochen und Instrumente klanglich zugeordnet.

Mal klingt es hölzern, mal metallisch; mal ganz zart und mal sehr heftig – den Kindern wird dazu noch viel mehr einfallen! Vielleicht entstehen auf diese Weise auch noch weitere Strophen zum Regenlied? In dem folgenden Beispiel hört sich der Regen ganz anders an, als in der 1. Strophe:

Tropf, tripf, tropf, es tropft der Regen
leise auf den Baum.

Rinnt dann über alle Blätter
hören kann man's kaum...

Regen rauscht im Wiesenbächlein
Bächlein fließt ganz schnell.

Oben an dem Regenhimmel
wird es wieder hell.

(Manuela Widmer)

„Herbst" – spät (Wilhelm Keller)

Nebel Regen tropftropftropf
ohne Hut wird naß der Kopf.
Braunes Laub: huschhuschhusch
ohne Blätter Baum und Busch.
Kalter Wind: huhuhuuuuuuuuuuu
schnell mach Tür und Fenster zu.

Als Vor-, Zwischen- oder Nachspiel zum vorhergegangenen Regenlied kann das kleine Gedicht nur gesprochen oder auch mit Instrumenten begleitet werden.
Reizvoll ist es auch, den Text auf zwei Gruppen oder Sprecher aufzuteilen, wobei die lautmalerischen Wörter auch von Instrumentalklängen ersetzt oder begleitet werden können:

1. Gruppe/Sprecher:	2. Gruppe/Sprecher:
Nebel Regen:	tropftropftropf
ohne Hut wird naß der Kopf.	
Braunes Laub:	huschhuschhusch
ohne Blätter Baum und Busch.	
Kalter Wind:	huhuhuuuuuuuuuu
schnell mach Tür und Fenster zu.	BUM!

Als Zwischenspiel dürfen die Instrumente oder Stimmen einmal so richtig herbstlich wild durcheinander tropfen, huschen und wehen, bevor das Gedicht „ordentlich", also rhythmisch noch einmal gesprochen und gespielt wird.

tropf tropf tropf tropf • • • • ·····
huschhuschhusch ~~~~
huhuhuhuhuhuuuuuuuuu~~~~~
BUM ◉

„November" (Josef Guggenmos)

> Der Wind singt in den Föhren.
> Der Hase kann es hören,
> der Hase wohnt im Wald.
>
> Was singt der Wind,
> was singt der Wind?
> Er singt: Bald wird es Winter.
> Er singt: Bald wird es kalt.

Was singt der Wind, was singt der Wind? Der Text steht da, aber die Töne fehlen noch – und die sollen von den Kindern erfunden werden. Hier geht es um singendes Erfinden und wie man das macht, das weiß Anna aus Sizilien:

Anna hat ein Lied erfunden und erklärt:
„Es gab ein Lied, das flog
und ich habe es eingefangen!"

Beim *Singenden Erfinden* oder auch *Singenden Erzählen* ist das Selbstverständnis und die Unbefangenheit, mit der die Erzieherin selbst ihre Singstimme einsetzt, von allergrößter Bedeutung. Es gilt sich klarzumachen, daß es beim Singenden Erzählen kein „richtig" oder „falsch" gibt! Alle Töne, die einem in den Sinn kommen, sind richtig und je häufiger man sich im Singenden Erzählen übt, um so natürlicher und flüssiger kommen einem die Töne über die Lippen. Da sitzen dann all die kleinen Hasen und spitzen ihre Löffel und da singt der Wind ganz zart und ganz säuselnd und bringt dabei die Föhren ganz sanft zum hin- und herschwingen:

Bald wird es Winter.
Bald wird es kalt.
Bald kommt der Schnee,
der legt sich auf eure Äste.
Bald friert der Boden fest,
dann finden die Hasen kein Futter mehr.
Dann frieren die Hasen an ihren langen Ohren
und wir frieren auch...

„Im Winter" (Wilhelm Keller)

Ein konzentriertes Spiel mit wenigen Klängen kann an einem dunklen Wintertag zu einer besinnlichen Stimmung führen – so wohlig warm und gemütlich fühlen wir uns im Haus, draußen ist es eiskalt. Wir haben eine Kerze angezündet und nun „schmücken" wir das folgende Gedicht mit unseren Klängen – wir verwenden dazu z.B. folgende Instrumente:

Triangel

 Fingercymbeln (oder kleine Becken)

 Hängebecken

 Glockenspiel

 Metallophon

 Zupfinstrument (Psalter, Leier, Kantele, Gitarre (auf einen Akkord gestimmt)

Wie ein Echo erklingen die Instrumente:

Erst sprechen...   ...und dann mit Klängen im Wortrhythmus nachspielen:

Eis und Schnee Schnee und Eis Baum im Pelz trägt winterweiß Schnee und Eis Eis und Schnee zugefroren glänzt der See Licht und lieb lieb und licht Kerzenschein im Angesicht.

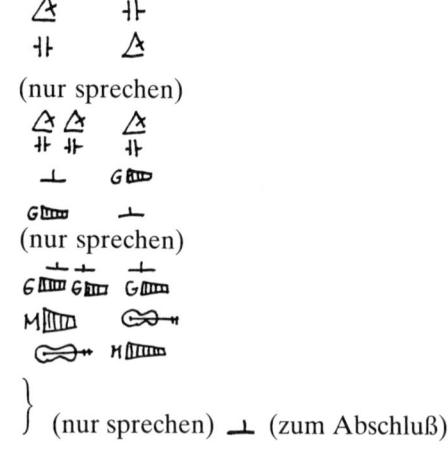

Und dann ist der Winter vorbei und da singt doch wieder jemand:

„März" (Manuela Widmer)

Der Schnee schmilzt tropfend leise.
Im Baum sitzt eine Meise,
die Meise singt vor Glück.
Was singt sie da,
was singt sie da?
Sie singt: Der Frühling kommt.
Sie singt: Ich bin zurück.

... und noch viel mehr singt sie, von all den Blumen, die wieder
beginnen zu wachsen, von dem Gras, das wieder grün wird, und der
Luft, die wieder warm ist – da ist es nur ein Katzensprung zum
nächsten Gedicht ...

„Die Tulpe" (Josef Guggenmos)

Dunkel
war alles und Nacht.
In der Erde tief
die Zwiebel schlief,
die braune.
Was ist das für ein Gemunkel,
was ist das für ein Geraune?
dachte die Zwiebel,
plötzlich erwacht.
Was singen die Vögel da droben
und jauchzen und toben?

Von Neugier gepackt,
hat die Zwiebel cinen langen Hals gemacht
und um sich geblickt
mit einem hübschen Tulpengesicht.
Da hat ihr der Frühling entgegengelacht.

59

In den Händen haben wir ein Chiffontuch* versteckt. Wir halten es ganz fest. Mit unseren Händen bilden wir die kleine, braune Tulpenzwiebel, die noch tief in der Erde ruht und erst allmählich erwacht. Die Erzieherin, die das Gedicht langsam und mit vielen Pausen für das Gemunkel, das Geraune und das Vogelgezwitscher spricht, streckt ihre Arme langsam nach oben, läßt die Tulpe also einen „langen Hals" machen, bevor sie langsam die Hände als Knospen öffnet und das Tuch, wie aus einer aufspringenden Knospe, aus den Händen quillen läßt – die Kinder machen mit und werden durch dieses Spiel immer von neuem in größtes Entzücken versetzt! (Dieses „Blütenspiel" klappt aber nur mit Tüchern aus reinem Chiffon/Nylon.)

Nach dieser ersten Erfahrung mit dem Text als Gestenspiel mit Sprachklangbegleitung können die gemachten Erfahrungen auf eine ganzkörperliche Gestaltung mit Instrumentalbegleitung übertragen werden.

– Da kauern die Kinder ganz rund und klein am Boden – dunkle und warme Klänge von Baßinstrumenten, leise, dumpfe Schläge von einer großen Trommel lassen es dazu *munkeln.*

– Allmählich bewegt sich die kleine Zwiebel etwas, rollt leicht hin und her, dabei kommen einige Instrumente mit *raunenden* Geräuschen dazu.

– Da löst sich ein Arm als Stengel aus dem Rund, allmählich wächst die Blume mehr und mehr, streckt sich – und die Klänge werden immer heller! Auf einem Xylophon klettern wir die Töne hoch, bis zu den allerhöchsten, dann wechseln wir auf ein Glockenspiel, das kann noch viel höhere Töne spielen – so hoch, wie unsere Tulpe inzwischen schon vom Boden hinaufgewachsen ist.

– Jetzt öffnen sich die Blütenblätter – wir strecken die Arme weit nach oben aus und schauen uns um und horchen: der Frühling spielt uns eine wunderschöne, sonnigstrahlende, bunte Frühlingsmelodie!

---

* Diese Tücher sind in vielen Farben zu beziehen über „Spielzeuggarten", Hans Staneker, Karl-Brennenstuhl-Straße 14, 72074 Tübingen

„Kommt ein Bär"

...wir sprechen | ...wir bewegen uns dazu

Kommt ein Bär,	
der tritt schwer –	tap tap tap tap tap tap
Kommt eine Maus,	
die läuft nach Haus –	trippel trippel trippel
Kommt ein Floh	
und der macht – so! –	hupf hupf hupf hupf hupf

...da kommen ja noch viel mehr Tiere:

Es springt das Kängeruh	
und ruft hophop dazu –	hophop hophop hophop
der Frosch hüpft hinterher,	
quak, quak, ich kann nicht mehr!	hüpf hüpf hüpf hüpf – puh!

Da kommen Hasen,	
und hoppeln übern Rasen –	hoppel hoppel hoppel
da kommt ein Elefant	
und wandert durch das Land –	bum bum bum bum bum bum

...und schließlich kann es heißen:

Eins, zwei, drei und vier –
wie bewegt sich denn DEIN Tier?
Fünf, sechs, sieben, acht –
schaut, wie es die (der) . . . . macht!

Und zu allen Versen und Bewegungsspielen werden Instrumente gesucht, auf denen man die verschiedenen Schritte interessant und passend begleiten kann – manch ein Vers kann auch einmal als reines Instrumentalstück ausgeführt werden!

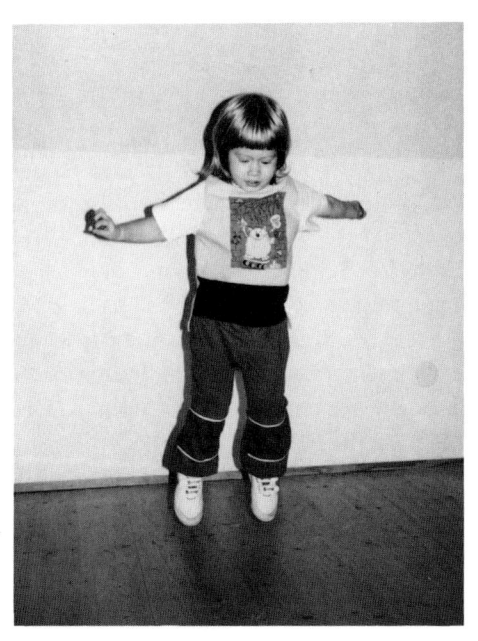

3.3 Spiel mit Strophengedichten

Größere Formen verlangen einen längeren Atem...
– auf dem besten Weg zur Spielszene

Diese Strophengedichte erzählen uns bereits ganze Geschichten, in denen verschiedene Personen auftreten, es Einleitungen, Höhepunkte und ein „Happy End" gibt – aber alles noch in gereimter, metrisch gebundener Form!

Rhythmus und Reim tragen uns weiterhin sicher in die Sprachform hinein, ermöglichen der Erzieherin immer noch, die Texte auswendig vorzutragen (wenn die vielen Strophen auch etwas mehr Geduld beim Lernen verlangen...). Das bedeutet für die Umsetzung ins gestaltende Spiel, daß man die Hände (und den Blick) frei hat für spontane Gesten und Gebärden oder Klanggestenbegleitung, um die Kinder rasch in ein spontanes Mitmachspiel zum Kennenlernen des Gedichtes einbeziehen zu können. Manche Gedichte können bereits Grundlage für ausgedehnte Spielmomente bilden. Andere wiederum können ganz und gar zu Tänzen werden (z. B. der „Tanz der Kuh auf dem Mond" mit einer „Tsching-Bum-Musik", oder der „Hopsetanz" zum Hopselied für ein oder zwei Beine...).

In diesem Kapitel spielen auch Lieder eine Rolle. Sie müssen nicht unbedingt im Spiel verwendet werden, sie bilden ein Angebot, daß die Gestaltung musikalisch reicher machen kann. Auch das Lied von den 102 Gespensterchen kann als langes Strophengedicht ebenso ohne die Melodie gespielt werden.

In dem Gedicht vom Drachen Ungestalt „Tief, tief, im tiefsten Tannenwald" spielt allerdings ein „solches Lied, das einem recht zum Herzen geht" eine zentrale Rolle. Dennoch ist auch hier das angegebene Lied nur ein Vorschlag – noch besser wäre es, würden Erzieherin und Kinder ein eigenes Lied, das zu Herzen geht, erfinden!

In der Beschreibung der Spielideen wird unter anderem auch die Unterteilung in *Spielphasen* vorgeschlagen. Die Beschäftigung mit dem Strophengedicht kann die Erzieherin so auf einige Tage, bis Wochen ausdehnen und so den „längeren Atem" heranbilden, den wir gut für die Spielszenen der weiteren Kapitel brauchen können.

„Das große, kecke Zeitungsblatt" (Josef Guggenmos)

Heut wanderte durch unsre Stadt
ein großes, keckes Zeitungsblatt,
mir selber ist's begegnet.

Herab die Straße im Galopp
kam es gelaufen, hopp, hopp, hopp,
von weitem mir entgegen.

Allmählich wurd es müd. Es kroch,
es schlurfte nur, es schlich nur noch.
Und legte still sich nieder.

Da lag's, wie eine Flunder platt.
Dann aber tat das Zeitungsblatt
ganz plötzlich einen Sprung.

Stieg steil empor in kühnem Flug,
wobei es ein paar Saltos schlug,
und landete dann wieder.

Da saß es nun und duckte sich.
Jetzt krieg ich dich! – Doch es entwich
mit tausend Purzelbäumen.

Um dieses Gedicht den Kindern als spontanes Mitmachspiel anbieten zu können, muß die Erzieherin sich die Mühe machen, es auswendig zu lernen! Das ist gar nicht so schwer, wenn man sich die Erlebnisse dieses kecken Zeitungsblattes nur so richtig plastisch vor Augen hält . . .

● *Als Bewegungsspiel:*
Alle Kinder halten ein Zeitungsblatt in der Hand – und gleich geht es los! Die Erzieherin erzählt und agiert zugleich, zieht so die Kinder mit ins Geschehen hinein:
– Durch den Raum gehen, das Blatt „an der Hand nehmen", es geht mit uns mit; wir verbeugen uns gemeinsam zur Begrüßung.
– Im Galopp durcheinander hüpfen, dabei lassen wir das Blatt mit uns mithüpfen.

- Immer langsamer wird das Hüpfen, wir schleifen das müde Blatt am Boden hinter uns her...
- nun schlurft es nur, es schleicht nur noch – wir begeben uns zu dem müden Blatt auf den Boden – und
- legen uns still mit ihm nieder – platt, wie eine Flunder!
- Doch plötzlich wird es munter – wir machen zusammen einen *Sprung* – und werfen dabei das Zeitungsblatt in die Luft – wieder und wieder (ohne es dabei zu verlieren!)
  Wir können es auch in der Luft drehen, so, als ob es ein paar Salti schlagen würde – ein Salto, das ist so etwas wie ein Purzelbaum in der Luft...
- ... aber irgendwann muß man dann auch wieder landen – und das tut das Zeitungsblatt auch und wir mit ihm.
- Da sitzt es nun und duckt sich – wir strecken die Hände aus: „Jetzt krieg ich dich!" – aber wieder springt es auf und macht sich mit tausend Purzelbäumen davon... Wir laufen dazu durch den Raum und wirbeln das Blatt hoch über unserem Kopf – schließlich zerknüllen wir es zu einem kleinen Ball – fort ist es, auf und davon – nicht mehr zu sehen...

Lebhaft soll das Spiel ablaufen! Platz braucht man dazu, damit das Auf und Nieder, das Drehen, Hüpfen, Aufspringen, Kreisen auch wirklich Spaß macht. Der Verlauf des Gedichtes stellt den notwendigen Rahmen, bei aller Bewegtheit, bleibt das Spiel doch immer auch kontrollierbar. Wichtig ist, daß die Erzieherin für die Bewegungsabläufe ein anregendes Vorbild ist – sie muß das Gedicht vortragen und es gleichzeitig in Bewegung umsetzen!

● *Als Hörspiel:*
Im Anschluß an die Bewegungsdarstellung kann das Gedicht mit einem neuen Zeitungsblatt (das alte haben wir ja zerknüllt...) als „Hörspiel" gestaltet werden. Alle Abläufe, die wir aus der Bewegung noch in Erinnerung haben, werden nun mit allerlei Geräuschen, die wir mit dem Zeitungsblatt erzeugen können, dargestellt:
- Das Blatt liegt vor uns auf dem Boden, wir patschen mit den Händen darauf, wir „wandern" oder „galoppieren" so durch die Straßen. Wir spielen leise, wenn das Blatt noch weit weg ist und werden lauter, wenn es näher kommt.

- Wir schieben das Blatt auf dem Boden hin und her – es schlurft, es schleicht, es legt sich still nieder – leise patschen wir dazu auf die Zeitung – zur platten Flunder aber patschen wir einmal ganz laut auf das Blatt!
- Zum großen Sprung schwenken wir das Blatt geräuschvoll in der Luft hin und her und lassen es ebenso geräuschvoll auch auf dem Boden wieder landen.
- Wenn es mit den tausend Purzelbäumen sich auf und davon machen will, dann lassen wir es wieder zerknüllend in unseren Händen verschwinden! Und wenn wir dabei ganz genau hinhören, dann merken wir, daß auch das Geräusch beim gemeinsamen Knüllen immer leiser wird und schließlich ganz verschwindet, wenn wir unseren kleinen Zeitungsball ganz klein geknüllt mit unseren beiden Händen festhalten!

„Didel, dudel, didel" (Nachdichtung Heinz Kahlau, 1. Vers; 2. und 3. Vers: Manuela Widmer)

Didel, dudel, didel,
die Katze spielt die Fidel,
die Kuh steht auf dem Mond herum,
der Dickel-Dackel macht tsching-bum.

Bommel, bimmel, bommel,
Der Dackel spielt die Trommel,
das Becken spielt er auch dazu,
die Kuh, sie muht in Ruh!

Wanzen, winzen, wanzen,
die Kuh fängt an zu tanzen,
sie dreht sich auf dem Mond herum
und fällt am Ende um.

Bevor die Kinder überhaupt den Text vom Dickel-Dackel, der Katze und der Kuh auf dem Mond kennenlernen, spielen sie eine „Tsching-Bum-Musik" für verschiedene Becken und Trommeln und sollten die Möglichkeit erhalten, auf einfachen Saiteninstrumenten (auch selbstgebaut) die „Fidel" zu spielen.

● *Tsching-Bum-Musik*

Zunächst machen wir unsere Tsching-Bum-Musik ganz ohne Instrumente nur mit dem Mund – wir sprechen sie!

Die Erzieherin kann einige Beispiele vorsprechen und fordert die Kinder auf, nachzusprechen:
Tsching-bum-tsching-bum-tsching-bum-bum
oder:
tsching-tsching-tsching – bum-bum-bum
oder:
tsching-bum-tsching – bum-tsching-bum
Können auch schon einzelne Kinder eine eigene „Tsching-Bum-Musik" vorsprechen?
Die Übertragung auf einige Instrumente erfolgt nach und nach. *Eine* Trommel und *ein* Becken werden zunächst deutlich im Spiel abgewechselt, z. B. mit Hilfe eines Dirigenten, der durch das Hochheben zwei verschiedenfarbiger Tücher oder Karten mit Abbildungen von Becken und Trommel jeweils anzeigt, ob jetzt ein „Tsching" oder ein „Bum" erklingen soll. Allmählich kann das „Tsching-Bum-Orchester" durch eine Reihe (möglichst verschieden klingender) weiterer Becken und Trommeln vergrößert werden.

● *Katzen-Fidel-Musik*

Nach den „schlagkräftigen" Spielaktionen mit Trommeln und Bekken sollen Erfahrungen mit gezupften und gestrichenen Klängen gemacht werden. Dazu eignet sich eine Gitarre, die auf einen offenen Akkord gestimmt wird, der von den Kindern als ganzes, über alle Saiten, angeschlagen werden kann, oder auch Saite um Saite nacheinander gezupft werden kann.
Umstimmungen können so klingen:
D-A-D-FIS-a-d; oder D-G-D-g-h-d; oder F-A-C-f-a-c

Als elementare Saiteninstrumente sind für den Einsatz im Kindergarten ganz besonders aber folgende Instrumente empfehlenswert, die das Klangspektrum des Orff-Instrumentariums auf ideale Weise ergänzen und erweitern:
– Streichpsalter (z. B. erhältlich bei der Instrumentenbaufirma STUDIO 49, Gräfelfing bei München)

– Zupfpsalter (z. B. erhältlich über diverse Instrumentenbauer)
– Diverse Zupf- und Streichinstrumente, als Bausatz zu erwerben, bzw. bei dem Besuch von Bau- und Spielkursen. (Information: Christoph Löcherbach „Klangwerkstatt", D-86865 Markt Wald)

Zum Selbstbau ganz einfacher, oftmals dann nur einsaitiger Streich- und Zupfinstrumente, auch aus simplen Materialien (Holzlatten, Plastik- und Metalldosen, Angelschnüre für die Saiten) hergestellt, soll hier angeregt werden. Sie können das Instrumentenangebot erweitern und gleichzeitig den Kindern wichtige Einblicke in die Tonerzeugung von Saiteninstrumenten vermitteln.

Zum Bau einer einfachen „Dosengitarre" sind hier einige Bauhinweise gegeben (in: „Musik und Tanz für Kinder", Kinderheft 4 TA MU KINDER, Schott-Verlag, Mainz 1985, S. 14 und 15).

1. Mit der Säge werden an beiden Enden Kerben in die Leiste eingeschnitten.

Baumaterial: Holzleiste (für Gitarre ca. 60–90 cm lang), eine Dose für den Resonanzkörper (aus versteiftem Karton, Plastik oder Blech), Nylonschnur (Angelleine ∅ 0,75–1,5 mm), Werkzeug (Schere, Feinsäge, Flachzange und geeignetes Werkzeug zum Ausschneiden des Resonanzkörpers)

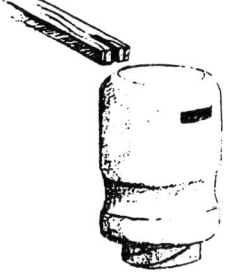

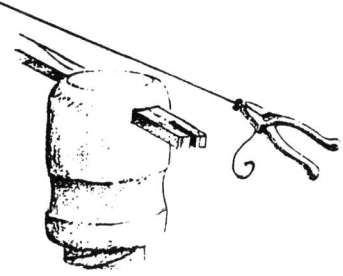

2. Die Resonanzdose wird durchbohrt und so ausgeschnitten, daß der Stab durchgesteckt werden kann.

3. Die Saite soll zunächst länger als die Gitarre sein. Die Enden werden aber so geknotet, daß die Saite kürzer als die Leiste wird. Dann sehr straff einspannen!

4. Der Steg, aus einem Korken oder aus Holz zuge-
schnitten, schafft die Verbindung zwischen Saite
und Resonanzkörper. Er wird dazwischen einge-
klemmt.

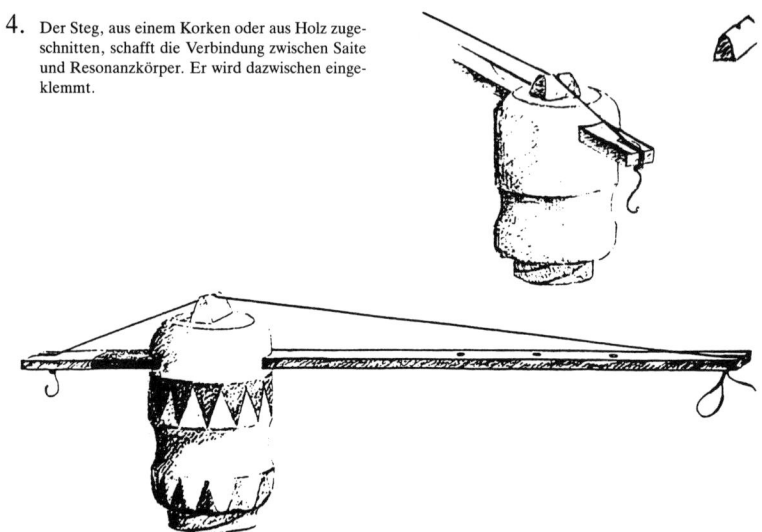

Welche Streich- und Zupfinstrumente auch immer zur Verfügung
stehen – auch Joghurtbecher, über dessen Öffnung ein Gummiband
gespannt ist, können Verwendung finden – jedes Kind soll einmal
ganz alleine eine „Katzen-Fidel-Musik" spielen. Die anderen Kinder hören zu und machen dazu einen kleinen „Fingertanz" auf den
Knieen; Zeige- und Mittelfinger beider Hände bewegen sich zu den
zarten Klängen hüpfend, trippelnd und spazierend die Oberschen-
kel auf und ab und hin und her...

Bevor wir mit dem „Kuh-Muh-Mond-Tanz" anfangen, spielen die
Kinder in zwei Gruppen eine „Tsching-Bum-Musik" und eine „Kat-
zen-Fidel-Musik" im Wechsel und sicher lassen sich mit Hilfe der
Erzieherin die Unterschiede leicht beschreiben!

● *Kuh-Muh-Mond-Tanz*

Nun aber wird die Erzieherin das Gedicht vom Dickel-Dackel, von
der Katze und der Mond-Kuh vorlesen – denn dort wird ja beschrieben, was die Kuh auf dem Mond macht und die Kinder können mit
der Erzieherin gemeinsam beraten, wie so ein „Kuh-Muh-Mond-
Tanz" denn aussehen soll:

70

– Da steht die Kuh auf dem Mond herum, dreht sich ein wenig dorthin und dahin, horcht auf die Katze mit ihrer Fidel, lauscht auf die leisen Töne und hört auch auf den Dickel-Dackel mit seinen lauten Tsching-Bum Klängen.

– Immer weiter spielt der Dickel-Dackel und die Kuh – macht *MUH* dazu!

– Die Musik wird immer wilder – die Kuh fängt an zu tanzen: rundherum und rundherum, immer schneller und schneller – und fällt am Ende um!

„Hopselied" (Alfred Könner)

Von Pinkepank nach Pinkepink,
da hopsen wir auf einem Bein.
Von Pinkepink nach Pinkepank,
da hopsen wir auf zwein.

Von Pinkepank nach Pinkepink,
von Pankepink nach Pinkepank,
von Pinkepank nach Pankepink,
von Pankepink nach Pinkepank.

Von Pinkepank nach Pankepink,
da hopsen wir auf einem Bein.
Von Pankepink nach Pinkepank,
da hopsen wir auf zwein.

Kinder und Erzieherin sitzen im Stuhlkreis. Die Erzieherin spricht das Gedicht, wobei sie alle „pink" mit heller und alle „pank" mit dunklerer Stimme spricht. Wenn ein Wort auf „pink" endet, strekken wir *ein* Bein nach vorne aus, wenn ein Wort aber auf „pank" endet, *beide* – so wie es uns im „Hopselied" erzählt wird! Damit wir aber nicht dabei vom Stuhl fallen, halten wir uns mit beiden Händen auf der Seite fest . . . Die Erzieherin kann dieses Spiel dadurch sehr abwechslungsreich und lustig gestalten, indem sie den Text immer wieder anders spricht:

- Mal flüstert sie ihn und nur die Wortenden „pink" und „pank" und die Wörter „einem" und „zwein" ruft sie laut.
- Mal erfindet sie eine Melodie mit nur zwei Tönen – wobei auf der Silbe „pink" der höhere und auf der Silbe „pank" der tiefere Ton erklingt, z. B.

Von Pin - ke pank nach Pin - ke-pink, da hop-sen wir auf ei - nem Bein ...

- Die Erzieherin ersetzt die Endsilben „pink" und „pank" durch zwei verschieden klingende Instrumente:
für „pink" erklingt ein Triangelschlag
für „pank" erklingt ein Trommelschlag
Jetzt heißt es „i oder a", „eins oder zwei"?

Nun haben wir lange genug im Sitzen geübt – nun sollen die Kinder das Hopsen auf einem und auf zwei Beinen einmal richtig ausprobieren. Und wenn wir schon so eifrig beim hüpfen, hopsen und springen sind, versuchen wir, uns eine Reihe von „Hüpfmustern" auszudenken, die wir dann zu einem richtigen „Hopsetanz" zusammenstellen können:

Wir stehen uns in zwei Reihen gegenüber
- Drei beidbeinige Hopser aufeinanderzu:

   hopp-hopp-vor, oder: pank-pank-pank

- Wir haben unseren Partner von der anderen Reihe erreicht und klatschen dreimal unsere Hände gegeneinander:

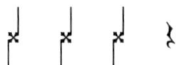

- Mit den gleichen beidbeinigen Hopsern springen wir wieder auseinander:

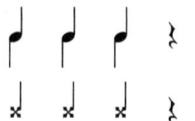   hopp-hopp-rück, und schließen drei
Klatscher in die eigenen Hände an:

– Auf einem Bein hopsen alle Kinder einmal rundherum und auf
dem anderen Bein einmal andersherum:

♩ ♩ ♩ ♩　♪ hopp-hopp-rund-um, oder:

♩ ♩ ♩ ♩　♪ pink-pink-pink-pink

Zeichenerklärung

♩　　= beidbeiniges Hopsen

♩　　= auf dem rechten Bein

♩　　= auf dem linken Bein

♩　　= Klatschen
×

Die Ausführung der hier angegebenen Hopser wird nicht immer
genau dem notierten Rhythmus entsprechen – daran sollte auch auf
keinen Fall allzu beharrlich gearbeitet werden! Die Tanzbeschrei-
bung ist als Orientierung gedacht und soll lediglich die Phantasie
von Kindern und Erziehern anregen, auch eigene und ganz andere
Hopser zu erfinden.

„Hundertzwei Gespensterchen" (James Krüss)

Text　　　　　　　　　　　　　　　　*Spiel*

| Hundertzwei Gespensterchen
saßen irgendwo
hinter meinem Fensterchen.
Da erschrak ich so. | – Kinder singen/sprechen
– Erzieherin setzt fort |

1. Zwischenspiel:
– „Reifenkinder" hor-
chen
– „Regenkinder" lassen
es regnen

Hundertzwei Gespensterchen waren sehr vertrackt: hinter meinem Fensterchen klopften sie im Takt.	– Kinder singen/sprechen – Erzieherin setzt fort

2. Zwischenspiel:
 – alle Kinder lassen es
   gleichmäßig „im Takt"
   regnen

Hundertzwei Gespensterchen haben mich erschreckt weit entfernt vom Fensterchen hab ich mich versteckt.	– Kinder singen/sprechen – Erzieherin setzt fort

3. Zwischenspiel:
 – Regenkinder lassen es
   kräftig regnen!
 – Reifenkinder verstek-
   ken sich schnell!

Hundertzwei Gespensterchen
waren plötzlich fort.
Schlich mich schnell zum
Fensterchen.
Fand sie nicht mehr dort.

– Kinder singen/sprechen
– Erzieherin setzt fort

4. Zwischenspiel:
– Reifenkinder kehren
zurück und lauschen:
– Nichts ist zu hören!
(„Große Pause")

Hundertzwei Gespensterchen
denkt euch, wie famos,
waren an dem Fensterchen
Regentropfen bloß!

– Kinder singen/sprechen
– Erzieherin setzt fort

Nachspiel:

– Reifenkinder lauschen
– Regenkinder regnen

Melodie: Wilhelm Keller

Hun - dert-zwei Ge - spen - ster - chen ...

Vorspiel für
ein Stabspiel:

„Nächtliches Vergnügen" (Josef Guggenmos)

Leise
trippeln aus der Mauer die Mäuse,
in der Nacht, die mausgrauen,
um in die Werkstatt zu schauen:
Ei wie nett, der Meister ist fort und längst zu Bett.

Aber neben der Hobelbank liegen die Hobelspäne,
die sich zu langen papierenen Schlangen biegen.
Da drin kann man wuseln und wenn das so raschelt,
und wenn das so rauschelt, sich lustig gruseln.

Da spielen die Mäuse Verstecken und Fangen.
Sie bauen sich Gänge in den Berg,
und viel zu schnell ist die Nacht vergangen.

Doch steckt dann der Meister den Schlüssel ins Loch,
wo sind dann die mausgrauen Mäuslein noch?
Tief in der Mauer im Mäusenest
wispern sie: „War das heut ein Fest!"

Passend zu dem Gedicht gibt es ein einfaches Lied, das im Spiel Strophe für Strophe mit dem Text „verschränkt" werden kann.

„Mäuseball"
(Text: Gustav Sichelschmidt, Melodie: Wilhelm Keller)

1. Je - de Nacht um   zwei - e   sind die Mäu - se   wach,
2. Ei - nes bläst sein   Flöt - chen,   schlägt den Takt ganz leis,
3. Tum-meln sich und   hüp - fen,   doch beim Mor - gen - schein,

1. tan - zen Rin - gel - rei - he   in der Werk - - statt.
2. und auf klei - nen Pföt - chen   drehn sie sich im Kreis.
3. ren - nen sie und   schlüp - fen   schnell ins Loch hin - ein.

- *Vorspiel*

Leise, wie auch das Gedicht beginnt, spricht die Erzieherin die erste Gedichtstrophe. Dazu trippeln viele kleine Mäuse aus ihren Verstecken und treffen sich in kleinen Kreisen etwa zu viert. Andere Kinder spielen auf Holzblocktrommeln und Klanghölzern die kleinen Mäuseschritte mit.

- *Zwischenspiel 1*

Alle singen die 1. Strophe des Liedes und tanzen dazu in den kleinen Mäusekreisen Ringelreihe.

- *Raschelspiele*

Spannend und geheimnisvoll spricht die Erzieherin den zweiten Teil des Gedichtes. Aus jeder Menge Altpapier wurde ein großer Berg von Papierschlangen geschnitten und geklebt. Für die Zuschauer überraschend holen die Mäusekinder nun einen ganzen Berg von diesen *papierenen Schlangen* aus Verstecken hervor und wuseln, rascheln und rauscheln lustig darin herum – bis ein Beckenschlag alle in eine ein bißchen gruselige Stimmung versetzt. Alle Mäuse hören auf zu wuseln und räumen den Papierschlangenberg rasch zur Seite.

- *Zwischenspiel 2*

Alle Mäusekinder bilden wieder kleine Kreise, diesmal steht ein Kind alleine in der Mitte eines jeden Kreises und spielt ein imaginäres Flötchen, so wie die zweite Strophe des Liedes es erzählt. Die anderen Kinder im Kreis klatschen dazu im Takt und drehen sich um sich selber einmal rundherum.

- *Verstecken und Fangen*

Zum dritten Teil des Gedichtes sollten einige Eltern spontan zum Mitmachen aufgefordert werden, wenn sie gerade kommen, um ihre Kinder abzuholen! Auch die Erzieherinnen aus den Nachbargruppen können eingeladen werden und alle Kinder kommen gleich mit und schauen sich das Spiel der Mäuse als Zuschauer an.

Auf den Bildern kann man gut erkennen, daß das Verstecken und Fangen den Kindern genau so viel Spaß macht, wie das Gängebauen den Erwachsenen!

 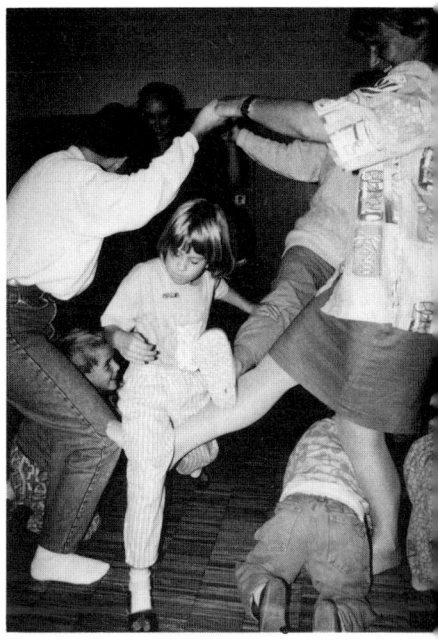

● *Zwischenspiel 3*

Die 3. Liedstrophe läßt die Mäusekinder noch einmal sich schnell in den kleinen Kreisen drehen, dann hört man einige Glockenspielklänge zum Morgenschein – und alle Mäuse laufen schnell in ihre Verstecke zurück!

● *Der Schluß*

Erstaunt spricht die Erzieherin die letzten Zeilen des Gedichtes – aber den allerletzten Satz, den wispern die Mäusekinder aus ihren Verstecken heraus ganz alleine:

„War das heut ein Fest!"

„Tief, tief im tiefsten Tannenwald" (Josef Guggenmos)

Tief, tief im tiefsten Tannenwald,
versteckt in einen Felsenspalt,
da wohnt der Drache Ungestalt;
er ist fünftausend Jahre alt
und hat ein feines Ohr.

Ob einer auf den Zehen geht,
er hört es doch und kommt hervor,
bricht wild aus seinem Felsentor
und frißt ihn ganz und gar.

Doch wer ein solches Lied versteht,
daß es ihm recht zum Herzen geht,
dem krümmt er nicht ein Haar.

Den läßt er, wie er war,
der darf ihm auf den Rücken steigen,
dem wird er manches Kunststück zeigen,
dem speit er Feuer wunderbar.

Eine spannende Geschichte! Im folgenden werden verschiedene Spielphasen skizziert und so beschrieben, daß man sich bereits beim Lesen so richtig in die Situation hineinversetzen kann.

- *Spielphase 1 – Wer kommt denn da?*

Die Erzieherin nimmt ein Kind an der Hand und bedeutet den anderen, sich in einer Schlange anzuhängen. Sie hält den Zeigefinger vor den Mund, schaut geheimnisvoll und schleicht auf Zehenspitzen durch den Raum. Sie führt die Kinder in eine Ecke des Raumes und alle setzen sich leise hin. Flüsternd erzählt die Erzieherin den Kindern die 1. Strophe des Gedichtes – wobei sie sich bei der Nennung des Drachen Ungestalt ruhig ein bißchen erschrecken darf...

Die nächste Strophe wird gleich in Bewegung umgesetzt und erweitert. Die Erzieherin erzählt und macht gleichzeitig die Bewegungen dazu, die Kinder machen gleich mit und können auch noch Bewegungen erfinden:

ob einer auf den Zehen geht...

ob einer auf den Fersen schleicht...

ob einer auf dem Bauch rutscht...

ob einer auf allen Vieren geht...

ob einer trippelt...

ob einer trappelt...

Schnell versammelt die Erzieherin wieder alle Kinder in der Ecke um sich und setzt fort:

...er hört es doch und kommt hervor,

bricht wild aus seinem Felsentor

und frißt ihn ganz und gar.

- *Spielphase 2 – Der Drache kommt! – Ein Spiel*

Das „Drachenkommspiel" wird erklärt: Der Drache wohnt in einer Ecke des Raumes. Alle anderen sind Spaziergänger, die sich bemühen, den Drachen in seiner Ruhe nicht zu stören. Wir schleichen, trippeln und rutschen an ihm vorbei – aber er hört uns doch und versucht, einen von uns zu fangen – der ist dann der neue Drache Ungestalt und das Fangenspiel beginnt von vorne. Jeder neue Drache kann sich mit seiner eigenen *Drachenstimme* vorstellen und rufen:

„Ich bin der Drache Sabine!"

● *Spielphase 3 – Doch wer ein solches Lied versteht...*

Nach dem wilden Spiel versammelt die Erzieherin die Kinder wieder in der ruhigen Erzählecke und berichtet, wie die Geschichte vom Drachen Ungestalt weitergeht indem sie nun die beiden letzten Strophen des Drachengedichts spricht. Kennen die Kinder vielleicht ein besonders schönes Lied, das sie dem Drachen vorsingen könnten? Kann ihm das Lied auch wirklich zum Herzen gehen? Oder müssen Kinder und Erzieherin doch ein ganz neues Lied für den Drachen erfinden? Hier sind der Phantasie keine Grenzen gesetzt! Und es gilt auch, die Kinder zum Phantasieren, Fabulieren und singenden Erzählen zu ermuntern.

Hier ein Vorschlag für das „besondere" Lied:

„Ich hab ein Kuscheltier"
(von Birger Heymann und Volker Ludwig, vereinfacht und gekürzt von Manuela Widmer)

Ich hab ein Ku - schel - tier, das ist ganz lieb zu

mir, ich halt's in mei - nem Arm, da liegt es weich und warm. *Ende*

Vie - le schö - ne Ku - schel - tie - re gibt es auf der Welt:

Brau - ne Bä - ren, wei - che Häs - chen, klei - ne Mäu - se, wil - de Dra - chen ...
von vorne bis Ende

● *Spielphase 4 – Die Kunststücke des Drachens*

Zusammen mit den Kindern wird überlegt, wie alle gemeinsam den großen Drachen Ungestalt darstellen könnten.

Die einfachste Möglichkeit sei hier beschrieben, ohne all den Variationen vorgreifen zu wollen, die die Kindern selbst finden!

Die Kinder bilden eine Schlange, wobei sie beide Hände auf die Schultern des Kindes vor ihnen legen. So miteinander verbunden, versucht der Drache zunächst einmal nur vorwärts zu gehen, ohne auseinanderzureißen oder umzufallen! Bald aber beginnt er mit dem Üben seiner Kunststücke:

– die Beine auf der einen Seite hochheben
– die Beine auf der anderen Seite hochheben
– hinsetzen und wieder aufstehen
– sich ganz dicht zusammenstellen, sich ganz „kurz" machen
– sich so lang wie möglich machen, sich ausstrecken…

Für diese Kunststücke muß der Drache sicher eine ganze Weile üben – sicher hat die Erzieherin eine schwungvolle Musik zur Hand, die zu den Kunststücken erklingen kann.

● *Spielphase 5 – Stichworte zum Ablauf des Spiels*

– Mit unseren Stimmen machen wir eine Stimmungsmusik für den tiefen Tannenwald, auch Instrumente können Verwendung finden.
– Das „feine Ohr" erklingt als zarter Triangelschlag – danach ist es erst einmal ganz still, bevor es weitergeht.
– Nun kommen nach und nach alle Spaziergänger an der Höhle des Drachens vorbei, sie schleichen, trippeln, stolpern…
– Bei jedem erscheint der Drache aus seiner Höhle und ein lauter Trommelwirbel begleitet ihn dabei! Er „frißt" seine Opfer, indem er sie unter seinen Beinen durchschiebt und so immer größer und länger wird!
– Schließlich kommt das letzte Kind – dieses Kind kennt das „besondere Lied" und singt es vor (die anderen Kinder dürfen beim Singen helfen) – und siehe da – der wilde Drache wird ganz zahm und lieb und zeigt seine vorher ja bereits geübten Drachenkunststücke!

„Der Tanz im Gartenhaus" (Hanna Hanisch)

Text   *Spiel*

Text	Spiel
Was rumpelt nur im Gartenhaus?	– rhythmisch stampfen
Wer macht denn da Krakeel?	– rhythmisch patschen
Der Spaten und die Harke	– nur sprechen
sind beide kreuzfidel.	– „kreuzfidel" klatschen
Sie stakeln und sie steppern,	– gut artikuliert sprechen
sie wackeln und sie scheppern:	
Juchheißassa, juchhei!	– Ein Kind improvisiert
Die Arbeit ist vorbei.	die Zeilen singend.

Hier folgt das „Stakelstepperspieltanzlied", zu dem immer zwei neue Kinder bei jeder Wiederholung ein „Duett" erfinden. Diese Duette können natürlich mit allen Kindern vorher überlegt und im Spiel wiederholt werden, wenn an eine Spieldarstellung z. B. vor oder mit den Eltern gedacht wird. Wenn nur innerhalb der Kindergartengruppe gespielt wird, kann dieser Zweiertanz auch spontan improvisiert werden!

„Das Stakelstepperspieltanzlied" (Manuela Widmer)

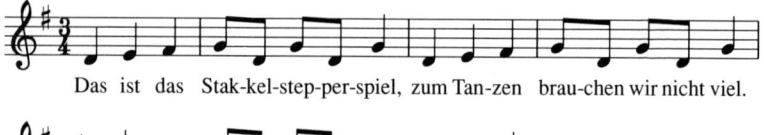

Das ist das Stak-kel-step-per-spiel, zum Tan-zen brau-chen wir nicht viel.

Wir wak-keln hin und her und hin, und ha-ben wei-ter nichts im Sinn!

Alle:	*Einer:*
Der Spaten ruft:	Du Kratzmichnicht!
Alle:	*Einer:*
Die Harke juchzt:	Du Plattgesicht!
Alle:	
Wir haben uns geplackt.	
Jetzt springen wir im Takt.	

Wir stackeln und wir steppern,	– gut artikuliert sprechen
wir wackeln und wir scheppern:	
Juchheißassa, juchhei!	– ein Kind improvisiert
Die Arbeit ist vorbei.	den Text singend

... das „Stackelstepperspieltanzlied" mit den „Stackelstepperspiel-
tanzduetten"...

Da guckt die Maus aus ihrem Loch:	...flüstert die Erzieherin
Was ist das hier für Krach?	...sagt eine kleine Maus
Die Kinder werden wach! –	

Alle rufen kräftig

Der Spaten und die Harke,	
die tanzen immer noch.	
Sie stackeln und sie steppern,	
sie wackeln und sie scheppern:	
Juchheißassa, juchhei!	– ein Kind improvisiert
Die Arbeit ist vorbei.	den Text singend

... das „Stackelsteppertanzlied" und alle nehmen sich einen Partner
an der Hand und stackeln und steppern und wackeln und scheppern
und und und...

3.4 Spiel mit kurzen Geschichten

Bewegungs- und Klanggeschichten verdichten sich zu Folgen von Spielszenen

Die hier verwendeten Geschichten sind alle inhaltlich im Tierreich angesiedelt und bringen darüber hinaus eine Reihe von Naturerscheinungen auf recht bewegte Weise ins Spiel.
Eine Maus, viele verschiedene Urwaldtiere; Vögel, bunte und schwarze; ein Schmetterling, ein Huhn und eine Reihe von einheimischen Waldtieren.
Diese Aufzählung macht bereits deutlich, daß musikalisch (für die eigene Stimme, wie auch für diverse Instrumente und andere Klangerzeuger) und bewegungsmäßig darstellend ein reichhaltiges Gestaltungsmaterial den großen und kleinen Spielern zur Verfügung steht.
Der Wind spielt wieder eine wichtige Rolle, aber auch eine ganze Sommerwiese voller farbenprächtig aussehender *und* klingender Blumen (nicht umsonst spricht man von den verschiedenen *Klangfarben* der Instrumente!).
In einigen Geschichten berührt sich Tier- und Menschenwelt auf eine Weise, auf die die Kinder aufmerksam gemacht werden sollen. Manche Aussagen der Geschichten bekommen über das Klang- und Bewegungsspiel hinaus Symbolcharakter für Lebenssituationen, über die auch Kinder im vorschulischen Alter mit Hilfe ihrer erwachsenen Mitspieler nachdenken können.
Es soll dabei nicht um den *erhobenen Zeigefinger* gehen, der die *Moral der Geschichte* verkündet! Es soll um Gesprächsimpulse gehen, um das Spielerlebnis auf einer anderen Ebene zu vertiefen.
Vertiefungen von Spielerlebnissen können aber nicht nur im Gespräch stattfinden, sondern können auch besonders intensiv durch bildnerisches Gestalten angeregt werden. Nach Möglichkeit sollten also musik-, tanz- und sprachgestaltende Beschäftigungen zeitlich nach hinten so offen gehalten werden, daß die Erzieherin anschließend zum Gespräch oder aber zum bildnerischen Gestalten (nicht nur malen!) Zeit und Anregung geben kann.
Bei der Umsetzung der folgenden Geschichten in Spielszenen kommt es darauf an, eine regelrechte „Übersetzung" vom Erzähl-

text auf eine spielbare Fassung zu bewerkstelligen. Der Text der Geschichte muß zum musikalisch-darstellenden Geschehen nicht unbedingt komplett gesprochen werden (was auch bei den vorangegangenen Gestaltungen zu den Gedichten und Reimen nicht immer notwendig war), sondern erübrigt sich besonders da, wo Klang, Bewegung und Darstellung genausogut, wenn nicht sogar oftmals berührender den Inhalt, die Stimmung, die Gefühle der Geschichte mitteilen!

Unterschiedliche Möglichkeiten der Gliederung der Geschichten in Abschnitte, die später die Grundlage für eine Szenenfolge bilden können, werden bei den einzelnen Beispielen näher ausgeführt; auch wie das Spiel rund um eine Geschichte in verschiedenen Gewichtungen phasenweise Kinder und Erzieherin über einen längeren Zeitraum begleiten kann (wie schon im vorigen Kapitel), wird beschrieben. So läßt sich sicher auch bei den folgenden Geschichten an eine Spieldarstellung – vor allem auch unter Einbezug der Eltern – denken.

„Die Maus niest" (Ruth Barley)

Als es einmal im Wald still war, ganz still und noch viel stiller – kein Vogel sang, kein Blatt zitterte, keine Eidechse raschelte durchs Gras, kein Affe schnatterte und kein Löwe brüllte – mußte eine kleine Maus, die vor ihrem Loch saß und sich über die Stille wunderte, niesen.

Das hörte ein Elefant, der in der Nähe unter einem Baum stand und sich ausruhte und mußte darüber lachen. Er prustete los, und dann lachte er das lauteste Elefantenlachen, das der Wald je gehört hatte.

Da piepsten die Vögel vor Schreck und begannen zu flattern, da zitterten die Blätter der Palmen.
Da raschelte die Eidechse so schnell sie konnte durchs Gras.
Da sausten die Affen von dem einen Baum herunter auf den anderen hinauf und schnatterten wild durcheinander.
Und da brüllte der Löwe.

> Die Maus aber huschte ganz schnell in ihr Loch und sagte: „Ich habe gar nicht gewußt, daß ich so gewaltigen Lärm machen kann!"

● *Spielphase 1 – Mitmachspiel*

Die Erzieherin erzählt die Geschichte im Stuhlkreis und ermuntert alle Kinder zum spontanen Mitmachen und Erfinden von den unterschiedlichen Tier- und Naturgeräuschen. Das gewaltige Elefantenlachen wird ebenso ausprobiert und von einzelnen Kindern variiert wie das aufgeregte Piepsen der Vögel, das Zittern der Blätter und das Rascheln der Eidechse im Gras. Dabei darf es dann auch mal richtig laut zugehen, bevor schließlich alle Tiere wieder zur Ruhe finden, es wieder ganz still im Urwald wird und die kleine Maus sich wundert...

● *Spielphase 2 – Nachsinnen über die Stille*

Der kanadische Komponist Murray Schafer hat einmal sehr gut beschrieben, was es mit der Stille auf sich hat: „Stille ist ein Sack voller Möglichkeiten. Es kann leicht passieren, daß er zerreißt." (*Schafer* 1972, S. 11)
Dieser Ausspruch paßt besonders gut zu unserer Geschichte!
Die Erzieherin kann mit den Kindern überlegen, was mit der Stille in der Geschichte von der Maus passiert:

Die Stille kommt langsam...   ...die Geräusche gehen.
Die Stille ist da...   ...die Geräusche schweigen.

Wir können uns nun flüsternd und wispernd ein wenig über die Stille unterhalten, immer wieder still werdend und lauschend, *wie* still wir sind, *wie* still es rund um uns ist. Ist es auch wirklich still? Oder können wir Geräusche aus anderen Zimmern oder von der Straße, aus dem Garten hören? Wir berichten uns flüsternd, schweigen erneut, lauschen wieder...

Die Stille zerreißt..   ...ein Geräuscheschlupfloch.
Die Stille ist verschwunden...   ...ein gewaltiger Lärm ist da!
Die Stille kehrt wieder ein...   ...der Lärm ist verschwunden.

• *Spielphase 3 – Planung, Übung und Durchführung des Spiels*

Wir sammeln alle Geschehnisse in der gemeinsamen Nacherzählung, beschreiben und gestalten mit der eigenen Stimme oder mit Instrumenten und Gegenständen, was im Urwald zu hören ist.
Die Erzieherin stellt den Kindern die Teile der Geschichte vor, die sie alle mit einfachen graphischen Symbolen versehen hat, die auf einen großen Bogen Papier aufgezeichnet sind:

1. Szene: „Als es einmal im Urwald ganz still war"
   Symbol: z. B. ein Gesicht mit geschlossenen Augen

Damit die Spannung, die in der Stille liegt auch wirkungsvoll zum Ausdruck kommt, entsteht die Stille allmählich: (Die Instrumentenangaben sind nur Vorschläge!)

Die Vögel singen – sie hören auf zu singen	Stimme
Blätter zittern – sie hören auf zu zittern	Papier
Eidechsen rascheln – sie hören auf zu rascheln	Rassel
Affen schnattern – sie hören auf zu schnattern	Xylophon
Löwen brüllen – sie hören auf zu brüllen	Trommel

Alle schweigen still.

2. Szene: „Die Maus niest"
   Symbol: z. B. eine kleine Maus

Auf einer Holzblocktrommel werden die kleinen Schritte der Maus begleitet, die in der merkwürdigen Stille ein wenig vor ihrem Mauseloch hin- und herhuscht, bis sie sich schließlich lauschend hinsetzt.
Flüsternd erzählt die Erzieherin von der kleinen Maus, die vor ihrem Loch sitzt und sich über die Stille wundern muß. Und plötzlich muß sie niesen!
Die kleine Maus niest: HAAAATSCHiiii – und alle mit ihr mit!

3. Szene: „Die Stille hat ein Loch bekommen"
   Symbol: z. B. ein Gesicht mit weit offenen Augen und Mund

Die Stille hat ein Loch bekommen:	Beckenschlag
Der Elefant lacht!	Paukenwirbel
Die Vögel piepsen und flattern auf!	Stimme/Klatschen

Die Palmenblätter zittern!	Papierrascheln
Die Eidechse raschelt schnell durchs Gras!	Rasselrasseln
Die Affen sausen den Baum rauf und runter	Xylophonglissando
und schnattern durcheinander!	Xylophonwirbel
Der Löwe brüllt!	Trommelwirbel

Nacheinander sind alle Geräusche zu hören. Ein Teil der Kindergruppe übernimmt die Instrumente, ein anderer Teil spielt die Tiere. Ihre Bewegungen und Aktionen müssen vorher gemeinsam ausprobiert und ein Ablauf festgelegt werden.
Sehr gut lassen sich die Aufgaben der Szene auf kleine und große Kinder aufteilen: die Großen übernehmen die differenziertere Klanggestaltung, die Kleinen werden von der Erzieherin animiert, mit ihr gemeinsam sich dazu als verschiedene Tiere zu bewegen.

4. Szene: „Die Stille kehrt wieder ein"
   Symbol: z. B. ein Gesicht mit geschlossenen Augen

Die Maus trippelt aufgeregt an allen Tieren (Instrumenten) vorbei – wo sie vorbeikommt, hört der Lärm auf! So „dirigiert" die kleine Maus im Spiel den Lärm. Wenn sie wieder vor ihrem Loch angekommen ist, ist es wieder ganz still geworden.
Alle horchen aufmerksam in die Stille hinein, dann sagt die kleine Maus den einzigen Satz, der für die Geschichte wichtig ist und ihr sozusagen das i-Tüpfelchen aufsetzt: „Ich habe gar nicht gewußt, daß ich so einen gewaltigen Lärm machen kann!"

- *Spielphase 4 – Nachbereitung und Vertiefung*

Mit den älteren Kindern kann die Erzieherin im Anschluß an die instrumentalen Spielerfahrungen versuchen, die verschiedenen Klänge als graphische Notation auf einen großen Papierbogen aufzuzeichnen:

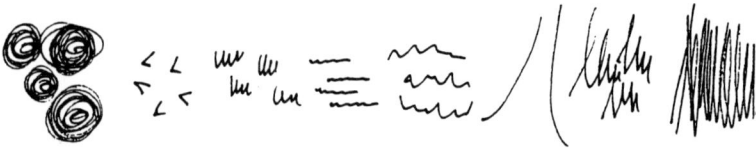

So oder so ähnlich können die gemeinsam aufgezeichneten Geräusche aussehen. Einmal können wir einen noch gewaltigeren Lärm

90

machen und alle Geräusche gleichzeitig erklingen lassen; auch das
kann man aufzeichnen:

„Der kleine Nerino" (Helga Galler)

*Eine Geschichte von schwarzen und bunten Vögeln – und zum
Nachdenken...*

Ich heiße *Nerino* der Schwarze, und das ist meine Familie:
Papa, Mama und meine vier Brüder. Ich bin kohlraben-
schwarz, daß mich im Dunkeln niemand sieht.
Papa und Mama haben viel zu tun, weil sie Futter für uns
suchen müssen. Meine schönen, bunten Brüder spielen nicht
mit mir, denn ich bin ihnen zu schwarz.
Darum hocke ich hier allein und bin traurig.
In der Nacht, wenn alle schlafen, hüpfe ich bis zum Wipfel des
Baumes und denke über mein Unglück nach.
Eines Tages gehe ich zu den Blumen und frage die schönsten
von ihnen, wie man nur zu solcher Farbe kommt. Sie sagen
aber, sie wissen es nicht, denn von Anfang an waren sie bunt,
rot und blau und grün und gelb, und ich war von Anfang an
schwarz.

Vielleicht könnte eine Medizin mir helfen? Aber wie soll ich wissen, welche die richtige ist?
Auf einmal sind alle meine Brüder verschwunden. Papa, Mama und ich suchen sie überall. Sie sind nicht im Wald und sie sind nicht im Feld. In einem goldenen Käfig finde ich sie. Jemand hat sie gefangen, weil sie so schön sind. Wer wird meine armen Brüder befreien, die nun so traurig sind? Da fällt mir ein, daß ich ja schwarz bin und man mich im Dunkeln nicht sieht.
Ich warte, bis es Nacht wird...
Schnell öffne ich dann den Käfig und lasse meine Brüder frei. Nun bin ich immer bei ihnen, und alle haben mich lieb und spielen mir mir. Nun bin ich auch nicht mehr traurig, daß ich so kohlrabenschwarz bin.

● *Spielphase 1 – Spiel mit Gegensätzen*

Die Erzieherin liest die Geschichte vor, dabei kann auch das gleichnamige Bilderbuch (Neugebauer) Verwendung finden. In dieser ersten Spielphase beschäftigen wir uns zunächst nur mit den gegensätzlichen Stimmungen und Gefühlen, die den kleinen schwarzen Nerino und seine bunten Brüder (und Schwestern) voneinander unterscheiden.

Für Nerino ist ein dunkel (tief) klingendes Instrument vorbereitet (z. B. eine große Trommel, eine Pauke, ein Baßxylophon, einen Baßstab, oder auch eine Gitarre, auf der dann nur die tiefste Saite gezupft wird).

Für die bunten Geschwistervögel stehen hell (hoch) klingende Instrumente zur Verfügung (z. B. ein Glockenspiel, Triangel, kleine Becken, Glöckchen).

Die Erzieherin spielt einmal eine tiefe, dunkle und langsame Musik und gleich darauf eine hohe, helle, schnelle. Es wird den Kindern nicht schwerfallen, die Klänge den entsprechenden Figuren der Geschichte zuzuordnen und die Stimmungen zu benennen. Gleich darauf sollen auch einzelne Kinder versuchen, eine traurige und eine fröhliche Musik mit den Instrumenten zu spielen.

- *Spielphase 2 – Lieder für Nerino und seine Geschwister*

Die Erzieherin hat für den traurigen Nerino ein dunkles Tuch mitgebracht, das um die Schultern des Kindes gelegt wird, das nun für den Nerino ein eigenes Lied singen kann. Die Erzieherin hilft und erzählt, daß Nerino so traurig ist, daß er für sein Lied nur einen einzigen Ton verwendet! Sie spielt auf drei klingenden Stäben (z. B. f, e, d) oder auf einem Xylophon eine kleine Tonfolge als Vorspiel, z. B.

und singt dann auf einem Ton folgenden Text:

> Ich heiße Nerino,
> ich bin so schwarz,
> niemand spielt mit mir,
> ich bin immer allein,
> ich bin traurig.

Als Nachspiel erklingt noch einmal die traurige Tonfolge. Nun kann sicher schon ein Kind den Nerino singen und spielen!
Das Lied für die lustigen bunten Geschwister von Nerino können alle gemeinsam singen (nach der zumeist allseits bekannten Melodie von „Grün, grün, grün sind alle meine Kleider"):

> Bunt, bunt, bunt sind alle meine Kleider,
> bunt, bunt, bunt ist alles, was ich trag.
> Darum lieb ich, alles was so bunt ist,
> weil ich bunte Kleider mag!

Dazu schmücken sich alle Kinder mit bunten Tüchern über ihren Köpfen und um ihre Schultern gehängt.

Bunt, bunt, bunt ...

● *Spielphase 3 – Planung, Übung und Durchführung des Spiels*

Wieder teilt sich die Geschichte in verschiedene Abschnitte auf, die die Grundlage für unsere Szenenfolge bilden. Elemente aus den anderen Spielphasen, das instrumentale Spiel mit gegensätzlichen Klangfarben und das singende Erzählen sowie das Lied der bunten Vögel, wird natürlich im Spiel mit eingesetzt. Hinzu kommen noch eine Reihe von Aktionen, die auch erst nach und nach erspielt und erprobt werden, bevor alles sich zu einem Ablauf zusammensetzen läßt.

Vom ersten Bekanntwerden mit der Geschichte bis zur Durchführung eines musikalisch-szenischen Spiels können gut und gerne zwei Wochen vergehen. Spaß und Motivation bleiben erhalten, wenn pro Tag nicht viel mehr als etwa 20 Minuten für das Spiel aufgewendet wird.

1. Szene: „Ich heiße Nerino und das ist meine Familie"
   Symbol: ein schwarzes Vögelchen alleine – einige bunte Vögel abseits zusammen

   – Nerino stellt sich vor. Er spielt seine dunkle Musik und singt sein trauriges Lied. Er sitzt traurig in einer Ecke.
   – Seine bunten Geschwister singen ihr fröhliches Lied, spielen ihre hellen Klänge und drehen sich, springen und hüpfen dazu.
   – Die Eltern (sie könnten sehr gut wirklich von Eltern, aber auch von den Erzieherinnen dargestellt werden) gehen rasch hin und her, begleiten ihre eiligen Schritte auf einer Holzblocktrommel und sagen dazu:

   Wir haben viel zu tun,
   wir haben viel zu tun.
   Wir müssen Futter suchen,
   wir müssen Futter suchen,
   und dürfen gar nicht ruhn!

2. Szene: „Warum bin ich so schwarz?"
   Symbol: ein schwarzes Vögelchen alleine

Nerino sucht eine Antwort auf sein Problem und flattert umher, wobei ihn ein anderes Kind mit der traurigen Musik begleiten kann.

Nerino besucht zuerst den Baum und fragt auf seinem einzigen, traurigen Ton singend:

„Lieber Baum, kannst du mir sagen, warum ich so schwarz bin?"

Aber der Baum schüttelt seine Äste und man hört ein leises Knakken seiner Äste und ein Rascheln seiner Blätter, sonst sagt er nichts...

Nun besucht Nerino die Blumen auf der Wiese. Wieder erklingt auf seinem Weg dorthin die traurige Musik. Die Blumen sind so bunt wie seine Geschwister und alle haben verschieden „bunt" klingende Instrumente zum Antworten auf Nerinos gesungene Frage:

„Liebe Blumen, könnt ihr mir sagen, wie ich so schön bunt werden kann, wie ihr?"

Aber die Blumen schütteln nur ihre hübschen Köpfchen, ihre bunten Klänge sind zu hören und sie flüstern dazu:

„Nein, das wissen wir nicht, wir waren von Anfang an so bunt!"

Da fliegt Nerino wieder in seine dunkle Ecke zurück und die traurige Musik begleitet ihn dabei.

3. Szene: „Der goldene Käfig"
Symbol: ein Vogelkäfig

Ein Trommelwirbel und der immer lauter werdende Klang von vielen Rasseln (auch viele selbstgebaute) kündet das nahende Unheil an:

Große Leute (Eltern oder Erzieherinnen) schleichen sich an, „schnappen" sich ein schlafendes buntes Vögelchen und jedem wird ein „Stück Käfig" in die Hände gedrückt, das sie sich vor das Gesicht halten (das kann ein Pappgitter sein, das mit gelbem Papier beklebt wurde).

Die gefangenen bunten Vögelchen stimmen ein lautes „Ohjehhu-Jammerlied" an und jammern z. B. so:

„Huuuuuuuu, huuuuuuu, huuuuuuu, huuuuuuu"

„Ooooh, jeeeeh, oooooooh, jeeeeh, ooooh jeeeeeh"

„Wer rettet uns? Huuuu! Wer hilft uns? Huuuu!"

4. Szene: „Das glückliche Ende"
Symbol: Nerino und seine Geschwister sitzen beisammen

Nerino wacht auf, zieht sich das dunkle Tuch über den Kopf und singt ganz leise:

> „Meine armen Brüder sind gefangen, ich werde ihnen helfen, denn in der dunklen Nacht kann mich niemand sehen, weil ich so schwarz bin – was für ein Glück!"

Er fliegt los, ein dunkler Trommel- oder Xylophonwirbel kann ihn begleiten. Niemand sieht ihn, niemand merkt, wie er leise seine Geschwister aus den Käfigen herausführt, sie bilden eine lange Schlange, die von Nerino angeführt wird, der alle auf verschlungenen Wegen nach Hause führt – dazu erklingt eine fröhliche Musik (die vom Kassettenrecorder eingespielt werden kann – natürlich aber auch selbst von Erzieherinnen und/oder Eltern musiziert werden kann!), die so alle zu einem Abschlußtanz führt.

- *Spielphase 4 – Eine Geschichte zum Nachdenken*

Nerino sieht genauso aus, wie seine Brüder, aber seine Federn sind schwarz und die Federn seiner Brüder sind blau, grün, rot und gelb. Die bunten Brüder spielen nicht mit Nerino, er ist ihnen zu schwarz. Sie sehen nur seine schwarzen Federn und machen sich nicht die Mühe herauszufinden, ob er nicht vielleicht ein buntes Herz hat! So bleibt Nerino alleine und ist traurig.

Erst als er seine Brüder aus einer Notlage befreien kann, weil ihm zugute kommt, daß er ist, wie er ist, nämlich schwarz, erkennen sie seine „Buntheit" hinter den schwarzen Federn.

Die Geschichte hat einen starken Symbolcharakter: Wenn ein Mensch anders ist, als wir es gewöhnt sind, müssen wir oft genauer hinschauen und hinhorchen, um ihn kennenzulernen. Damit kann man gar nicht früh genug beginnen!

Manch einer kann nicht so deutlich sprechen wie ich, aber er singt und tanzt gerne und freut sich, wenn er mit in unseren Kreis kommen kann; ein anderer kann nicht alleine laufen, er fährt in einem Rollstuhl. Auch er kann mit uns im Kreis sein, einer schiebt seinen Rollstuhl, oder er steht in der Mitte, spielt die Pauke und wir tanzen um ihn herum. Behinderte Kinder erzählen:

- „Du liest die schwere Geschichte in dem Buch – aber – ich setz mich hin und denk mir einfach eine aus."
- „Manche haben Angst vor mir, weil ich so anders aussehe – aber – ich könnte wirklich ein guter Freund sein."
- „Ich weiß, daß ich keinen Luftballon aufblasen kann – aber – wenn Du mir hilfst, kann ich mich riesig freuen und mit dem Luftballon herumtollen."

(Ich bin behindert – aber wir können miteinander leben. Herausgegeben vom Verein der Freunde und Förderer der Carl-Sonnenschein-Schule, Schule für Geistigbehinderte des Märkischen Kreises, Iserlohn 1981)

Nerino fragt die Blumen, wie sie ihre Farben bekommen haben. Aber die Blumen wissen keine Antwort, weil sie von Anfang an bunt waren. Auch wir alle sind von Anfang an so, wie wir eben sind: blond und rund und dick und dünn; mit Sommersprossen oder mit weißer, brauner oder schwarzer Haut. Mit gekräuselten oder glatten Haaren, mit einer schiefen Nase oder auch mit Beinen, die nicht gehen, Augen, die nicht sehen, Ohren, die nicht hören, Köpfen, die nicht alles verstehen können.

Wir alle sind so von Anfang an und können nichts dafür! Wir müssen lernen, miteinander zu spielen und zu leben, damit niemand alleine und traurig in der Ecke sitzen muß, wie Nerino – deshalb üben wir und spielen die Geschichte von Nerino und seinen bunten Geschwistern!

Die Geschichte von Nerino und seinen Brüdern beinhaltet besonders reichhaltiges Material für musikalisch-szenische Spiele wie auch zum Darübersprechen und Nachdenken. Die vorgeschlagenen Spielphasen sollen der Erzieherin helfen, nach eigenem Interesse eine Auswahl zu treffen. Nicht immer müssen *alle* Vorschläge rund um eine Geschichte mit *jeder* Gruppe verwirklicht werden! Es bleibt in jedem Fall der Erzieherin überlassen, jedes Spiel in diesem Buch so zu gestalten und auch zu verändern, wie sie es für sich und für die Kinder für sinnvoll erachtet!

„Wie der Schmetterling auf den Ball ging" (Irina Piwowarowa)

Der Schmetterling wurde auf einen Ball geladen. Er freute sich sehr. Er flog nach Hause und suchte das schönste von all seinen Kleidern aus. Doch plötzlich fiel ihm ein, daß er in der Eile vergessen hatte zu fragen, wo der Ball stattfinde. Ich werde zu den Blumen fliegen, dachte der Schmetterling, die Blumen werde ich fragen. Und er zog das Ballkleid an und flog auf die Wiese, wo die Blumen stehen. Sagt mir bitte, wenn ihr's wißt, wo der Ball sein wird, sagte der Schmetterling und flog von einer Blume zur anderen. Nein, sagten die Blumen und schüttelten den Kopf, wir wissen's nicht. So irrte der Schmetterling in seinem Ballkleid von einer Blume zur anderen bis in den Herbst hinein, weil es auf der Wiese viele viele Blumen gab.

Diese kleine Sommergeschichte braucht nur wenige Mittel, um auch von den Allerkleinsten bereits eindrucksvoll in Szene gesetzt zu werden! Die beschriebenen Gestaltungselemente der vorangegangenen Geschichte vom kleinen Nerino können hier z. T. wieder Verwendung finden:
- der immer trauriger werdende wunderschön geschmückte Schmetterling, der bei seinem Flug über die Wiese mit einer besonders zartbunten Musik (z. B. von einem Metallophon) begleitet wird;
- die Gespräche mit den Blumen auf der Wiese, die nicht mit Worten sondern mit verschiedenen Klängen geführt werden (auch der Schmetterling hat ein Instrument dabei, z. B. ein kleines Glockenspiel mit einem Schlägel, um seine Fragen zu stellen).

Die folgende Bilderserie sagt mehr, als viele Worte!

Der Schmetterling ist noch guter Dinge – er macht sich auf den Weg, um die Blumen zu fragen, wo der Ball stattfinden soll.

Der Schmetterling fragt die schönen Glockenblumen . . .

. . . aber sie wissen es nicht und schütteln ihre Glöckchen.

Und er versucht sein Glück noch bei vielen anderen schönen Blumen, die bunt geschmückt und immer wieder anders klingend, überall auf der Wiese verteilt stehen.

Nachdem der Schmetterling den ganzen Sommer von einer Blume zur anderen geflogen ist, ohne jemals seine Frage beantwortet bekommen zu haben, fliegt er traurig nach Hause zurück und legt sich müde zum Schlafen nieder. Denn nun kommt langsam der Herbst über die Blumenwiese:

– auf einem Glockenspiel können alle Töne vom höchsten bis zum tiefsten Ton langsam gespielt werden – die Sommersonne verschwindet –
– dazu verwelken die Blumen allmählich, lassen ihre Köpfe sinken, werden ganz klein (die Kinder gehen in die Hocke), ihr buntes Blütenkleid verschwindet (die Kinder ziehen sich die bunten Tücher vom Kopf und verstecken sie).

Tröstlich kann die Erzieherin ein Schlußwort sprechen:

„Der Schmetterling aber schlief den ganzen Winter über und träumte von dem wunderschönen Sommerball. Im nächsten Jahr wird er ihn sicher besuchen können!"

„Die Geschichte vom Huhn und dem Auto" (Ursula Wölfel)

Einmal waren drei Hühner auf der Straße, die haben da so herumgescharrt und gepickt und gegackelt und an gar nichts gedacht. Da ist ein Auto gekommen. Das eine Huhn ist zum Straßengraben gerannt, und das andere ist über den Zaun geflattert. Das dritte Huhn hat nicht gewußt, was es tun sollte. Erst ist es ein Stück am Zaun hochgeflattert, dann ist es quer über die Straße zum Graben gerannt. Da hat der Mann im Auto gehupt, und das Huhn ist erschrocken und hat sich umgedreht und ist wieder zum Zaun gerannt und wieder zum Graben und wieder zum Zaun, immer hin und her. Der Mann im Auto hat gehupt und gehupt. Da ist das Huhn vor Angst mitten auf der Straße weitergerannt, immer geradeaus, und das Auto ist hinter ihm hergefahren, und der Mann hat gehupt und gehupt, immer lauter. Das Huhn wollte schnell wieder andersherum rennen, es hat sich umgedreht und ist dem Auto entgegengelaufen. Aber da ist es so erschrocken, daß es sich hinsetzen mußte. Es hat den Kopf eingezogen und die Augen zugemacht. Der Mann wollte das Huhn nicht überfahren, er hat das Auto angehalten. Und das Huhn ist aufgestanden und ganz gemütlich in den Hof zu den anderen Hühnern spaziert. Es hat den Kopf gereckt und große, stolze Schritte gemacht. „Gook! Gook!" hat es gerufen. Das sollte heißen: „Da, seht mich an! Ich habe das große Auto angehalten! Ich!"

• *Spielphase 1 – ... wenn die Hühner Kinder wären*

Diesmal fangen wir mit dem Nachdenken an! Wir wollen die Geschichte nochmal neu erzählen:
„Einmal waren drei Kinder auf der Straße, die haben da so herumgespielt, sind mal hierhin, mal dahin gehüpft und haben an gar nichts gedacht..."
Die Geschichte kann man nun fast genauso weitererzählen, wie die Geschichte mit dem Huhn und dem Auto. Nur den Schluß, den sollten wir ändern! Denn zum Glück kann ein Kind nach einem solchen Erlebnis nachdenken und mehr dazu sagen als „Gook, Gook". Oder?

• *Spielphase 2 – Hühner und Kinder – ein Spiel*

Die Erzieherin verwendet zwei verschiedene Instrumente als Signale für den Rollenwechsel:
– Drei Schläge auf das Triangel verwandeln alle Kinder in Hühner. Sie laufen durcheinander, hin und her, mal hier mal dort, flattern aufgeregt mit ihren kurzen Flügeln und gackern laut...
– Drei Schläge auf das Becken verwandeln die Hühner wieder zurück in Kinder, die nun viel ruhiger herumgehen, auch einmal rechts und links schauen, ob da vielleicht gerade ein anderes Kind kommt, sie haben Zeit, einander zu begrüßen, bleiben manchmal beieinander stehen, bevor sie wieder weitergehen...

– Noch einige Male wird durch die Signale der Rollenwechsel
durchgespielt. Falls die Unterschiede aber nicht deutlich genug
im Spiel herauskommen sollten, müssen sich Erzieherin und Kinder zusammensetzen und miteinander den Unterschied zwischen
Hühnern und Kindern noch einmal genau klären!

• *Spielphase 3 – Eine Bildergeschichte*
Gemeinsam wird überlegt, welche Bilder zu der Geschichte gemalt
werden könnten. Vielleicht muß hier die Geschichte auch erst noch
einmal vorgelesen werden.
Jedes Kind sucht sich einen Moment aus der Geschichte aus (es
können natürlich auch mehrere Bilder zum selben Geschehen entstehen). Wenn alle Bilder fertig sind, werden sie in der richtigen
Reihenfolge aufgehängt.

• *Spielphase 4 – Wir spielen Bild für Bild*
Bild für Bild wird die Umsetzung ins Spiel und die Rollenbesetzung
vorgenommen. Rollentausch ist für jedes Bild vorgesehen, d. h. daß
der Autofahrer und die Hühner immer wieder von anderen Kindern
dargestellt werden können.

Folgende Aufteilung auf Bilder ist vorstellbar:
– Drei Hühner auf der Straße
– Ein Auto und ein Huhn am Zaun
– Ein Auto und ein Huhn am Straßengraben
– Ein Auto und ein Huhn am Zaun, eines am Straßengraben
– Ein Auto und ein Huhn läuft mitten auf der Straße vor dem Auto
  weg
– Ein Auto und ein Huhn läuft mitten auf der Straße auf das Auto
  zu
– Ein Auto und ein Huhn, das mitten auf der Straße sitzt
– Viele Hühner auf dem Hof, ein stolzes Huhn mit langem Hals!

Natürlich können die Kinder sich noch viele andere komische Momente mit Hühnern und dem Auto ausdenken, es wird ihnen sicher
nicht an Einfällen mangeln!

„Siebenblättchen" (Hanna Hanisch)

Vor der Stadt steht ein Baum, ein großer, alter Buchenbaum. Viele Blätter hängen daran, viele tausend Buchenblätter. Da kommt der Herbstwind angerannt, der singt ein lustiges Lied:

Ich sause, ich brause,
bin in den Wolken zu Hause.
Huibui, ihr Blätter, ich blase euch davon.

Ganz kahl steht nun der Buchenbaum. Alle Blätter sind mit dem Wind davongeweht. Nur oben links, an einem kleinen Ast, da hängen noch sieben gelbe Buchenblätter.

Hollahe – ruft der Wind –
wollt ihr nicht fliegen?
Nein – rufen die Blätter – nein,
wir wollen immer beisammen sein:
Hoho – pfeift der Wind –
alle Blätter müssen fliegen.
Ich reiße euch ab, ich jage euch davon:
Heidi, übers Feld.
Wie schön ist die Welt!

Aber der Wind treibt sie zusammen fort. Er pustet sie nicht auseinander. Sieben Blättchen fliegen, eines hinter dem anderen. Draußen auf dem Feld sitzt die Maus vor ihrem Loch. Sie sucht Futter für ihre Kinder.

Lieber Wind, was bringst du mir mit?
Sieben gelbe Buchenblättchen, die bringe ich mit.

Da freut sich die Maus. Sie hebt ihre Pfötchen und piept:

Hab sieben Kindlein,
brauch sieben Windlein.
Hab sieben Bettchen,
bleibt hier, liebe Blättchen.

Fragt der Wind:

Wollt ihr bei der Feldmaus bleiben
und ihre Kinder zudecken?

Nein – rufen die Blättchen – nein.
Wir wollen nicht Mäusekinder-Zudecken sein.

Und weiter geht es, heidi übers Feld, wie schön ist die Welt. Vor
seiner Wohnung sitzt der Hamster. Er schnuppert in den Wind. Da
kommen Siebenblättchen gerannt. Er denkt: Die sind aber hübsch!
Und er verbeugt sich vor ihnen:

Siebenblättchen, ihr Lausebübchen,
seid mir Tapete fürs Hamsterstübchen.

Fragt der Wind:

Wollt ihr beim Hamster bleiben
und seine Stube tapezieren?
Nein – rufen die Blättchen – nein.
Wir wollen nicht Hamsterstuben-Tapete sein.

Und weiter geht es, heidi übers Feld, wie schön ist die Welt. Nun
fliegen sie den Nußberg hinauf. Auf dem Eichbaum sitzt das Eichhörnchen und knackt Nüsse. Wie Siebenblättchen geflogen kommen, bittet es schön:

Siebenblättchen, bleibt ein bißchen.
Wickelt mir ein die Haselnüßchen.

Fragt der Wind:

Wollt ihr beim Eichhörnchen bleiben
und Nüsse einwickeln?
Nein – rufen die Blätter – nein.
Wir wollen nicht Haselnuß-Einwickelpapier sein.

So fliegen sie weiter in den Wald hinein. Der Wald ist dunkel, der
Wald ist dicht. Vor seiner Höhle sitzt der Fuchs. Er hebt den dicken
Schwanz und bettelt:

Siebenblättchen, bleibt hier sitzen.
Stopft mir zu die Fenster-Ritzen.

Fragt der Wind:

Wollt ihr beim Fuchs bleiben
und seine Höhle wärmen?

Nein – rufen die Blättchen – nein.
Wir wollen nicht Fensterritzen-Verstopfer sein.

Da ruft der Wind:

Das ist mir zu dumm.
Ich kehr wieder um.

Und er jagt die Blättchen in die Stadt hinein, die lange, lange Straße entlang. Da kommt ein kleines Mädchen gelaufen. Es hebt Siebenblättchen auf und legt sie in sein Lesebuch.

He du – ruft der Wind –
was fängst du mit meinen Blättchen an?
Gib sie wieder heraus!

Aber das Kind bittet: Schenke mir deine Blätter, lieber Wind. Ich mache mir ein Männchen daraus, paß auf, das geht so:

Ein Blatt für den Kopf,
zwei für den Bauch.
Zwei für die Arme,
für die Beine auch.
Nun habe ich ein Männchen,
das strampelt und lacht.

Da prustet der Wind. Er kichert und lacht: Hoho, was für ein lustiger Kerl ist das!
Ich sause zum alten Buchenbaum und erzähle ihm, was aus Siebenblättchen geworden ist.
Und du und ich, wir beide, wir machen uns auch ein Blättermännchen, gerade so eins wie dieses:

Dies ist die längste Geschichte dieses Kapitels und eine, bei der nun auch die Sprache stärker in die Gestaltung mit einbezogen werden soll. Das Spiel mit Musik, Tanz, Bewegungs- und Sprachspiel soll Eltern und Kinder, kleine wie große zusammenführen! Wenn die Erzieherinnen eines Kindergartens ein gutes Team bilden, kann diese Geschichte Grundlage für ein breiter angelegtes Projekt im Herbst bilden, daß alle Beteiligten einige Wochen begleitet.
In so einem Fall muß einiges vorausbedacht werden:
- Kann die Kindergruppe zeitweise geteilt werden, so daß einmal nur mit einer Kleingruppe „geübt" werden kann?
- Lassen sich zumindest einige Mütter oder Väter zum Mitspielen

anregen, die auch die Möglichkeit haben, einmal am Vormittag (z. B. eine halbe Stunde, bevor die Kinder nach Hause gehen) oder ggf. am Nachmittag (bei Ganztagskindergärten) zum „Proben" in den Kindergarten zu kommen?

– Erklären sich andere Eltern bereit, einfache Dinge für die Dekoration oder die Kostüme zu basteln, zu nähen, zu bauen? (Auch als gemeinsame und angeleitete Situation auf einem Elternabend denkbar!)

– Und dann muß sich die Erzieherin, die bis hierher gelesen hat die entscheidende Frage stellen: traue ich mir als Erzieherin zu, eine altersgemischte Gruppe von Kindern *und* Eltern zum Spiel anzuleiten? – und dazu möchte ich ausdrücklich Mut machen! (Vgl. die Ausführungen auf S. 23 ff.)

Da es sich um eine Herbstgeschichte handelt, würde das gemeinsame Spiel den neu hinzukommenden Eltern und Kindern eine gute Möglichkeit bieten die Erzieherinnen und die Kinder mit ihren Eltern, die bereits „alte Hasen" sind, kennenzulernen. Im gemeinsamen Spiel fällt das so viel leichter!

Nun sollen einige Spielhinweise gegeben werden, die chronologisch, dem Ablauf der Geschichte entsprechend, angeordnet sind. Der Plan aber für die Durchführung der Geschichte als szenisches Spiel sollte von jeder Erzieherin selbst gemacht werden – auch dabei sollten Eltern (wenn sie mögen) ein Wörtchen mitreden dürfen!

● *Hinweis 1*

Auf einem großen Papierbogen ist das Geäst des kahlen Buchenbaumes zu sehen. Zu Beginn des Spiels aber sieht man dieses Bild noch nicht, denn davor stehen alle Kinder und erwachsene Mitspieler, halten alle große (gebastelte) Buchenblätter in den Händen und bilden so die „vielen tausend Blätter" bevor der Wind angerannt kommt, um sie wegzublasen...

● *Hinweis 2*

Mit dem Wind und den Blättern wird es im Verlauf der Geschichte zu immer wieder anders gestalteten Bewegungs- ja Tanzspielen kommen...

● *Hinweis 3*

Den immer wiederkehrenden Textstellen (auch mit den jeweils notwendigen Variationen) ist besondere Beachtung zu schenken! Kann der Wind nicht vielleicht ein kleines Lied bekommen, immer dann, wenn er sich mit den Blättchen wieder auf den Weg machen muß? Z. B. zu dem Text:

Und weiter geht es,
hui, hui, ho, ho,
heidi übers Feld,
wie schön ist die Welt...

● *Hinweis 4*

All die Tiere, denen der Wind und die Blättchen begegnen, können von Eltern oder Erzieherinnen dargestellt werden. Damit aber niemand so viel Text auswendig lernen muß, können die einzelnen Verse auf Kärtchen geschrieben werden, die in der Vorbereitungszeit mit kleinen Illustrationen durch die Kinder verziert werden. Als Bildergeschichte aufgehängt (vielleicht durch Fotos, die während der Spieldarstellung gemacht wurden ergänzt), haben alle noch eine Weile ihre Freude daran!

● *Hinweis 5*

Für die Kinder, die die „Siebenblättchen" spielen (Rollentausch in den einzelnen Szenen nicht vergessen, damit alle Kinder die wollen, ein Blättchen spielen können) gibt es besondere Sprachspiele zu bewältigen, an denen sie sicher ihren Spaß haben werden. Man muß sich schon etwas anstrengen, um möglichst schnell und fehlerfrei die folgenden Worte sprechen zu können:

„Mäusekinder-Zudecken"

„Hamsterstuben-Tapeten"

„Haselnuß-Einwickelpapier"

„Fensterritzen-Verstopfer"

Dabei sollte sich die Erzieherin allerdings eine Reihe von lustigen Spielen einfallen lassen, damit das wiederholte Sprechen niemals langweilig wird!

● *Hinweis 6*

Für alle Tiere, die vorkommen, für jede besondere Situation sollen Klänge und Geräusche die Stimmung oder die Bewegungsart, den Charakter eines Tieres musikalisch untermalen bzw. begleiten. Alle Tiere sollten sich kurz vorstellen, damit man sie auch richtig wahrnehmen kann. Dabei werden auch die halben Gesichtsmasken mit den entsprechenden Ohren von allen bewundert, die es im übrigen den spielenden Eltern erleichtern werden, in ihre Rolle „zu schlüpfen".

● *Hinweis 7*

Den Schluß der Geschichte gestalten alle gemeinsam, indem Kinder und Eltern (auch die, die als Zuschauer dabei waren) sich in kleinen Gruppen zusammensetzen und aus einem großen Korb mit Herbstblättern (es müssen nicht nur Buchenblätter sein) schöne Exemplare heraussuchen und gemeinsam ein Blätterbild kleben, auf dem *auch* aber nicht nur, ein Buchenmännchen zu sehen sein kann.

3.5 Ein Osterspiel – und andere religiöse Texte

Danken, bitten und verstehen im musikalischen Spiel

Zur Weihnachtszeit feiern wir die Geburt Jesu.

„Das Christkind ist da, Halleluja", singen wir und alle Kinder kennen die Geschichte vom Stall in Bethlehem, der Herbergssuche von Maria und Josef und den vielen Besuchern, die alle das Jesuskind beschenken wollen. Und die Hirten von den Feldern und die Weisen aus dem Morgenland, sie wollen auch etwas mitnehmen von dem Licht und dem Heil, das sie sich von der Geburt dieses Kindes für die Welt erhoffen...

Aber bereits die Flucht nach Ägypten, die Flucht vor dem bösen König Herodes, der das heilige Kind ermorden lassen möchte (und viele unschuldige Knaben ermorden läßt!) wird schon kaum noch mit Kindern behandelt (ich möchte hier auf das musikalisch ausgearbeitete Weihnachtsspiel von Wilhelm Keller hinweisen, in dem es Lied- und Textmaterial zur Flucht nach Ägypten gibt. Als Sonderdruck, oder im Anhang von *Ludi Musici* 1/Spiellieder (*Keller* 1970).

Zur Osterzeit feiern viele mit ihren Kindern vor allem ein buntes Frühlingsfest. Der Osterhase kommt und versteckt Eier und vieles mehr; die religiöse Bedeutung der Tage rund um Ostern hält man von kleinen Kindern oftmals noch fern, da man sie nicht mit dem Tod konfrontieren will.

Aber hier meine ich, unterschätzt man die Fähigkeit von Kindern, sich mit der Wirklichkeit auseinanderzusetzen. Und der Tod hat seinen schmerzhaften Anteil an unserer Lebenswirklichkeit, genauso wie die freudvolle Geburt.

Und Kinder mit dem Tod Jesu zu konfrontieren bedeutet auch, sie mit der größten Hoffnung der Christen, mit der Auferstehung von den Toten vertraut zu machen!

Und so findet sich hier ein Karfreitagslied für Kinder, ein Gebet von Kindern selbst formuliert sowie ein Auferstehungsruf. Verbunden mit einer Bewegungs- und Klangdarstellung einer Osterlegende des österreichischen Dichters Karl Heinrich Waggerl kann ein kindgerechtes Osterspiel entstehen.

Ein Lied von Nora Berzheim „Maria, wie war dir zumute" beschreibt für Kinder und Erwachsene gleichermaßen berührend die mannigfaltigen Gefühle der Mutter Maria von der Geburt des Gottessohnes über seinen Tod hinaus bis zur Feuerkraft des Heiligen Geistes. Ein Lied, das es verdient, von Kindern, Eltern und Erzieherin gemeinsam erarbeitet zu werden!

Abgerundet wird das Kapitel mit einem weiteren Lied und zwei Gebeten, wiederum von Kindern selbst formuliert.

Das Lied erzählt in sieben Strophen von Jakobs Traum und der Himmelsleiter. Als gesungene und mit wenig Klängen einfach zu begleitende Geschichte können die Kinder zunächst mit dem Geschehen vertraut gemacht werden. Nach und nach werden verschiedene szenische Elemente mit eingebaut. Hier werden die Darstellungsformen eines Schattenspiels beschrieben, die das Traumhafte der Geschichte, das Betreten einer anderen Welt, zu unterstreichen vermögen.

Danken und Bitten und Gott loben bilden die zentralen Inhalte jedes Gebetes. Hier habe ich erneut auf Texte zurückgegriffen, die Kinder selbst formuliert haben. Die sizilianischen Erzieherinnen haben ein aufmerksames Ohr und eine sensible Art bewiesen, die Formulierungen der Kinder (sicher auch auf feinfühlige Anregung hin) ihnen abzulauschen und aufzuschreiben. Vielleicht kann das als Vorbild dienen, um auch in unseren Kindergärten ähnliche Protokolle kindlichen Denkens und Fühlens anzulegen.

Ein Osterspiel

Das Spiel beginnt mit einer schlichten szenischen Darstellung eines alten „Karfreitagsliedes", das aus der Gottschee, einer deutschen Sprachinsel in Slowenien (bis 1941) stammt. Das Lied bedient sich zum Teil einer alten Sprache, die Kindern und Eltern erst nahegebracht werden muß.*

---

* An einer Stelle des Liedes wurde der Text wegen der besseren Verständlichkeit bereits geändert. Hier soll aber auch die Originalversion angeführt werden, die seit einer Übertragung des Liedes in die deutsche Hochsprache bisher überall Verwendung gefunden hat. Da wird wegen des Reimes das Wörtchen „sein" im Satzgefüge nachgestellt, es heißt dann bei den entsprechenden Textstellen:
  Wo sie dem Herrn Jesus das Kreuz zimmern sein...
  Wo sie dem Herrn Jesus die Nägel schmied'n sein...
  Wo sie dem Herrn Jesus die Kron' binden sein...

Der Text soll klar und deutlich artikuliert vorgesprochen werden. Der Inhalt sowie einige Wörter, aber auch durch den Rhythmus des Liedes bedingte Wortverkürzungen, müssen erklärt werden. Erst dann kann man daran gehen, das Lied zu singen und mit Instrumenten zu begleiten. Immer, wenn mit Liedern im Kindergarten gearbeitet werden soll, muß die Erzieherin selbst stark motiviert und interessiert sein. Ihr Engagement und ihre gute Vorbereitung tragen maßgeblich zum Gelingen bei! Ist man als Erzieherin zwar motiviert, fühlt sich aber musikalisch nicht kompetent genug, sollte man sich entsprechende Hilfe holen – wenn man Hilfe will und nach ihr sucht, ist sie in den meisten Fällen auch zu finden! Im folgenden wird nun der mögliche Ablauf des Osterspiels genau beschrieben. Es versteht sich von selbst, daß Veränderungen, Ergänzungen, Vereinfachungen je nach Situation vorgenommen werden können, ja müssen!

- *In der ganzen Nacht da brennet kein Licht...*

Die Trommel spielt:

Das Xylophon spielt:

- Die Kinder ziehen ein, alle tragen ein Licht (Kerze oder Teelicht in einem Glas). Sie setzen sich im Halbkreis hin und blasen ihre Lichter aus.
- Am vorderen Rand der Spielfläche sind drei Lichter aufgestellt, die brennen bleiben.
- Trommel und Xylophon verstummen.
- Eine Atempause für alle.
- Ein Xylophon setzt mit dem Vorspiel ein und begleitet mit dem Motiv auch das ganze Lied. Die 1. Strophe wird gesungen und dargestellt:

113

Karfreitagslied

Alle

1. In der gan-zen Stadt, da
2. In der gan-zen Stadt, da
3. In der gan-zen Stadt, da

Alt-Xylophone

1. bren - net kein Licht, nur in Zim-mermanns Hau - se, da
2. bren - net kein Licht, nur im Schmied sein Hau - se, da
3. bren - net kein Licht, nur im Bin - der sein Hau - se, da

1. bren - net ein Licht. Wo sie dem Herrn Je - sus das
2. bren - net ein Licht. Wo sie dem Herrn Je - sus die
3. bren - net ein Licht. Wo sie dem Herrn Je - sus die

1. Kreuze zim - mern, da er - tö-net vom Him-mel ein Stimmlein fein:
2. Nägel schmie - den, da er - tö-net vom Him-mel ein Stimmlein fein:
3. Krone bin - den, da er - tö-net vom Him-mel ein Stimmlein fein:

114

Einer

1. Zim-mert nicht, zim-mert nicht, das Kreuze so schwar, der Herr
2. Schmiedet nicht, schmiedet nicht die Nägel so lang, dem Herrn
3. Bin-det nicht, bin-det nicht die Krone so fest, dem Herrn

Cymbel

Triangel

1. Jesus der ist ja noch so jung an Jahr!
2. Jesus sein' Hän-de nach dir verlang!
3. Jesus das Blut aus der Stir-ne preßt.

pp

Alle

4. Löschet aus, lö-schet aus das brennen-de Licht, o ver-

scho-net Je - sum, ver - - fol-get ihn nicht!

Satz: Gunhild Keetman
Text und Melodie: Aus der Gottschee.

Filippo

1. In der ganzen Stadt, da brennet kein Licht,
nur in Zimmermanns Hause, da brennet ein Licht.
Wo sie dem Herrn Jesus das Kreuze zimmern,
da ertönet vom Himmel ein Stimmlein fein:

Spiel: Einige Kinder treten vor, stellen sich um das erste Licht an
den Rand der Spielfläche

Zimmert nicht, zimmert nicht das Kreuze so schwar,
der Herr Jesus der ist ja noch so jung an Jahr!

Spiel: Die Kinder beginnen mit pantomimischen Bewegungen:
Sägen, Hämmern, Hobeln.

Ein Nachspiel erklingt (Becken und Triangel):

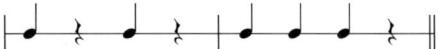

und die Kinder gehen auf ihre Plätze im Halbkreis zurück. Beim
Vorspiel zur 2. und 3. Strophe kommen jeweils einige andere Kinder vor, erst zum zweiten, dann zum dritten Licht und stellen
pantomimisch die Tätigkeiten des Schmiedes und des Binders dar.

2. In der ganzen Stadt, da brennet kein Licht,
nur im Schmied sein Hause, da brennet ein Licht.
Wo sie dem Herrn Jesus die Nägel schmieden,
da ertönet vom Himmel ein Stimmlein fein:
Schmiedet nicht, schmiedet nicht die Nägel so lang,
dem Herrn Jesus sein' Hände nach dir verlang!

3. In der ganzen Stadt, da brennet kein Licht,
nur im Binder sein Hause, da brennet ein Licht.
Wo sie dem Herrn Jesus die Krone binden,
da ertönet vom Himmel ein Stimmlein fein:
Bindet nicht, bindet nicht die Krone so fest,
dem Herrn Jesus das Blut aus der Stirne preßt.

Zur 4. Strophe gehen drei Kinder zu den großen Kerzen vor und blasen sie zum Text nach und nach aus:

4. Löschet *Aus*   – löschet *Aus*   – das brennende *Licht*,
   (1. Kerze)   (2. Kerze)   (3. Kerze)
   o verschonet Jesum, verfolget ihn nicht.

Der letzte Satz wird zart und (wie die ganze 4. Strophe) ohne Instrumentalbegleitung gesungen.

Der zweite Liedteil kann auch nur von erwachsenen Mitspielern gesungen werden, da der Text für Kinder schwerer singbar ist und sie sich darüberhinaus auch besser auf ihr pantomimisches Spiel konzentrieren können. Auch die Begleitung des Liedes – so einfach sie auch ist – sollte vielleicht besser von den Erzieherinnen bzw. von Vätern oder Müttern übernommen werden, um einen entspannten Ablauf des Spiels zu erhalten, bei dem auch keine Erzieherin eine allzu dominierende Leiterinnenfunktion übernehmen muß und sich auf kleine Winke im Kreise der Mitspieler beschränken kann. Das kommt der gesamten Harmonie eines solchen szenischen Spiels sehr zugute und schont die Nerven aller Beteiligten!

● *Jesus war nicht böse*

„Gebet – Jesus" (Girotondo 2)

(1. Kind)	Jesus war nicht böse und sie haben Ihn gekreuzigt; seine Mutter weinte.
(2. Kind)	Sie haben Ihn mit der Peitsche geschlagen und haben Ihm Essig zu trinken gegeben.
(3. Kind)	Neben ihm waren zwei Räuber, die getötet hatten. Einer wollte mit Ihm ins Paradies gehen.
(4. Kind)	Dann ist Jesus mit den Räubern gestorben.
(5. Kind)	Aber nur Er ist wieder lebendig geworden, weil Er der Sohn Gottes war.

Dieser Text, der von Kindern stammt, soll hier auch von Kindern auf besondere Weise wiedergegeben werden. Die Worte sollen nicht gesprochen, sondern gesungen werden. Dieses sogenannte „Singende Erzählen", auch Rezitieren genannt, entspricht der Feierlichkeit des Augenblicks, die Worte erhalten ein Gewicht, erheben sich aus der alltäglich verwendeten Sprechsprache, gewinnen Farbe und einen starken persönlichen Ausdruck, da die Melodien nicht festgelegt werden, sondern von den Kindern aus dem Moment heraus improvisierend geschaffen werden. Kinder scheuen sich in der Regel nicht, auf diese Weise zu singen, wenn sie unbefangen dazu hingeführt werden. Wieder gilt: auch die Erzieherin muß mit der Singstimme frei erfindend umgehen können – das ist leichter, als es hier vielleicht den Anschein hat! Das Singende Erzählen kommt aus dem Rufen. Auf einem Ton beginnt man und wechselt nur dann den Ton, schwingt einmal auf einen höheren oder tieferen Ton aus, wenn einem im Text ein Wort besonders wichtig und hervorhebenswürdig erscheint!

Der Text des Gebetes wird auf fünf Kinder aufgeteilt (siehe oben) aber mit allen Kindern in diesen Abschnitten allmählich gelernt, einfach durch verschiedenartiges Vor- und Nachsprechen und Vor- und Nachsingen auf einzelnen Tönen, mit Betonungen (Wechsel des Tones), um den Kindern für ihr späteres solistisches Singen schon Vorbilder gegeben zu haben!

Später kann zwischen jedem rezitierten Abschnitt ein Klang gespielt werden, z. B. auf einem Becken, einem Triangel, auf Fingercymbeln – aber nicht auf Toninstrumenten, wie auf Stabspielen oder auf der Gitarre, da hier die Freiheit des Singens nicht eingeschränkt werden soll und in der Regel nicht darauf vertraut werden kann, daß Kinder im vorschulischen Alter bereits sicher genug intonieren können, um in einem vorgegebenen Tonraum singend zu improvisieren.

An dieser Stelle des Osterspiels besteht die Möglichkeit, das Spiel bereits mit dem gemeinsamen Rufgesang „Jesus lebt" abzuschließen, oder es durch die Darstellung einer Osterlegende und eines Auferstehungsrufes noch zu verlängern.

Der hier vorgestellte Rufgesang ist ein notiertes Beispiel für den Stil des *singenden Erzählens,* der in einfacher Art und Weise durch einen Vorsänger, dem alle Phrase für Phrase nachsingen, ausgeführt werden kann.

Peppuccio L.R.

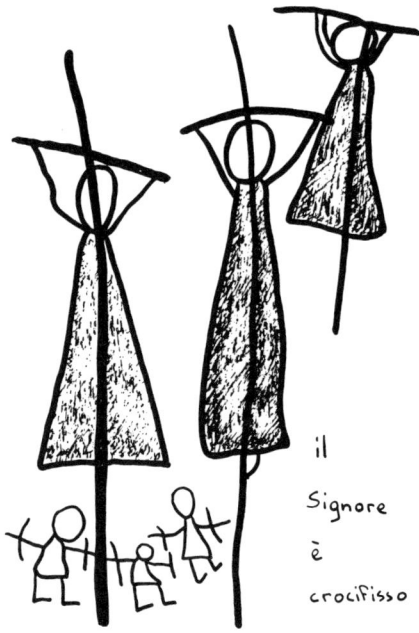

il

Signore

è

crocifisso

Jesus lebt!

Heu - te ist O - stern! Die Son - ne bricht durch. Du kommst

aus dem Grab. Du bist wie - der le - ben - dig. Du kommst durch ver -

schlos - se - ne Tü - ren. Nichts kann Dich hin - dern. Wo Du ein -

trittst, ist Frie - den! Je - sus, wie freu - e ich mich!

Text: Alfred Müller-Felsenburg und Eduard Haller
Töne: Wilhelm Keller

- *...da war Maria noch über die Maßen traurig*

Die Osterlegende des österreichischen Dichters Karl Heinrich Waggerl ist die dritte von drei Osterlegenden und spielt in der Nacht vor dem Ostersonntag. Wie bei Legenden so üblich, schmückt auch diese Geschichte das überlieferte biblische Geschehen phantasievoll aus, bleibt aber natürlich im Kern der religiösen Überlieferung verbunden! Die Ausschmückung stärkt besonders den emotionalen Anteil im Erleben Marias und ist deshalb so gut geeignet, um Kindern das Nachempfinden in Gedanken und im darstellenden Spiel zu erleichtern.

Ergänzend kann im Anschluß – aber auch ohne Zusammenhang zum Osterspiel – das Lied *Maria, wie war dir zumute* gesungen werden, da es ebenfalls die Gefühle Marias in den Mittelpunkt stellt, allerdings von Anbeginn der Geburt Jesu an, über seinen Tod hinaus bis hin zum pfingstlichen Geschehen.

Natürlich soll in diesem Zusammenhang auch der überlieferten Geschichte Rechnung getragen werden. Dazu eignet sich unter anderem die „Bibel unserer Kinder" von Anne de Vries (katholisches Bildungswerk/Veritas, Linz).

„Osterlegende" (Karl Heinrich Waggerl)

Es wird erzählt:

Und in dieser Nacht, erzählt man, da war Maria noch über die Maßen traurig und in ihrer Betrübnis floh sie aus dem Kreis der Jünger, um ein wenig über Land zu gehen. Da es nun aber eine dunkle Nacht war, wurde ihr in der Finsternis nur noch schwerer ums Herz.

Spiel: Auf einigen Baßtönen wird eine langsame und traurig klingende Tonfolge mehrmals wiederholt. Maria wandert dazu umher,

die Töne begleiten ihre Schritte. Manchmal bleibt sie stehen – die Begleitung schweigt – sie seufzt und geht weiter, auch die Begleitung setzt wieder ein.

Es wird erzählt:

> „Ach", sagt Maria, „mein Blut ist mir erstorben. Daß ich doch ein Feuer fände, an dem ich sitzen und meine Hände wärmen könnte!"
> Und als Maria so klagte, da fing das Reisig zu ihren Füßen von selbst zu glimmen an. Es erhob sich ein Flämmchen aus der Glut und das wärmte und tröstete die Mutter Maria in dieser argen Nacht.

Spiel: Auf dem Boden kauern Kinder. In ihren Händen haben sie rote, orangene und gelbe Tücher (wenn möglich aus Chiffon) verborgen. Sie richten sich langsam auf, strecken ihre Hände Maria entgegen und öffnen sie dabei. Maria wärmt sich ihre Hände an der dargebotenen Glut – einige warme Klänge von einem Metallophon (einzelnen klingenden Stäben) begleiten die Darstellung.

Es wird erzählt:

> Über eine Weile ging sie wieder und dachte nun heimzukehren, aber es währte nicht lang, und es überkam sie von neuem bitterer Kummer um ihren Sohn.

Spiel: Wieder wandert Maria zu den dunklen Baßtönen weiter, wieder bleibt sie zwischendurch stehen und seufzt.

Es wird erzählt:

> „Ach", sagte Maria zum andernmal, „meine Augen sind schon blind von Tränen. Ich finde kein Wasser, um sie zu kühlen!" Und es öffnete sich der Fels und eine Quelle sprang und erfrischte die Mutter des Herrn.

Spiel: Einige Kinder bilden stehend, knieend und hockend einen Fels.
In ihren Händen halten sie diesmal verschieden blaue und graue
Tücher verborgen. Auch sie strecken Maria ihre Hände mit den
daraus hervorquellenden Tüchern entgegen. Maria beugt sich herab
und trinkt. Dazu spielen Glockenspiele, über die Stäbe streichend,
wie das Wasser fließt.

Es wird erzählt:

> Über dem war es Tag geworden und Maria sah, daß sie irre
> gegangen war. Ringsumher lag nur steinige Wüste und tauber
> Sand.

Spiel: Und wieder sieht man Maria zu den traurigen Tönen wandern,
stille stehen und seufzen.

Es wird erzählt:

> „Ach", klagte Maria wiederum, „meine Füße sind müde und
> wund von den Dornen auf Golgatha. Ich finde keinen Platz,
> um im Gras zu ruhen!"
> Und da sproßten Kräuter aus der unfruchtbaren Erde, wo sie
> stand. Gräser breiteten sich unter ihren Schritt, liebliche Blu-
> men mitten in der Wüste, so breit der Weg Marias war. Und
> darüber freute sie sich ein wenig.

Spiel: Kinder stellen stehend, kauernd, liegend Gräser, Kräuter und
Blumen dar. Sie wachsen langsam und entfalten mit bunten Tüchern
ihre Blüten. Sie breiten sie zu Füßen Marias aus, die langsam darüber
geht. Dazu erklingen verschiedene Instrumente, für jede Pflanze gibt
es einen eigenen Klang.

Es wird erzählt:

> Sie blickte umher und fand den Weg zurück in die Stadt. Weil
> es aber so still war und die Vögel an diesem Morgen noch

nicht singen mochten, verlor Maria doch wieder den Mut. Sie rang die Hände, ach, seine Stimme war ihr erloschen und sein Mund für immer versiegelt. Sie hatte ihn in der Unschuld empfangen und über das Gebirge getragen und auf dem Stroh in kalter Nacht geboren. Da fing das Leid schon an. Er entglitt ihren Händen, lehrte und wirkte und starb. Aber warum mußte ihr eigenes Herz noch immer schlagen?

Spiel: Zur Erzählung spielt das Baßinstrument ganz leise und Maria wandert traurig weiter – bis sie schließlich horchend stehenbleibt, das leise Rauschen des Windes hört und den Gesang der Engel.

Es wird erzählt:

Es geschah dann, daß die Seufzer Marias auch den Wind rührten, der unter dem Himmel ruhte. Er machte sich auf und wehte von den Gärten her, so daß Maria den Lobgesang der Engel vernahm, die dort schon den Herrn mit lauter Stimme priesen. Denn er war auferstanden.

Spiel: Alle Spieler und Spielerinnen versammeln sich um Maria herum und singen zum Abschluß gemeinsam den Auferstehungsruf, der mit einer Glockenspieleinleitung beginnt – dieses Motiv begleitet auch das Lied:

Chri - stus ist auf - - er - stan - - den,
Freud ist in al - - len Lan - - den,

1. Hal - le - lu - ja, Hal - le - lu - ja.
2. lu - ja!

Text: Volksgut, Melodie: Wilhelm Keller

„Maria wie war dir zumute?" (von Nora Berzheim)

Das Lied um Maria und *ihren* Leidensweg muß nach und nach in enger Verbindung zu den biblischen Geschehnissen, die darin angesprochen werden erarbeitet werden. So hat hier die Wiederholung der Weihnachtsgeschichte genauso Platz, wie die Prophezeihungen von Simeon und Hanna im Tempel. Die 3. Strophe weist auf den 12-jährigen Jesus hin, wie er bei den Schriftgelehrten im Tempel bleibt, die 4. Strophe führt uns zur Hochzeit in Kana. Maria möchte wie jede Mutter ihren Sohn vor Leid bewahrt wissen – und doch fügt sie sich in den Willen Gottes, wenn auch unter Schmerzen. Diese Gefühle sind sehr menschlich und nachvollziehbar – auch für Kinder. Die letzten Strophen widmen sich dem Tod Jesu und schließlich dem Heiligen Geist. Alle diese biblischen Geschichten sind in jeweils zwei verschiedenen Fassungen (eine schlichte, einfach erzählte für jüngere Kinder und ein stärker entfalteter Erzählentwurf für die Älteren) in dem Buch „Zu erzählen deine Herrlichkeit" von Dietrich Steinwede (München 1967) nachzulesen.

Sopran-metallophon oder Altglockenspiel	
Alt-, Baß-metallophon	
Strophen	Einer:

1. Als du die-ses kleine Kind nackt in dei-nen Armen hielst?
2. als du ihn im Tempel dann Gott, dem Va-ter dar-ge-bracht?
3. als du ihn ver-lo-ren hast und im Tem-pel wieder-fandst?
4. als dein Sohn zu Ka-na-an har-te Wor-te zu dir sprach?
5. als er Got-tes We-ge ging, die du nicht ver-standen hast?
6. als er dann am Kreuze hing, du sein Leid und Sterben sahst?
7. als der Geist mit Feu-er-kraft dich so tief er-griffen hat?

Sopran-glockenspiel (Flöte)

Alt-, Baß-metallophon

Kehrvers   Alle:

1.–7. Ky - ri - e, e - lei - son! Chri - ste, e - lei - son!

Text, Melodie und Satz: Nora Berzheim

125

„Jakobs Traum"

Text   *Spiel:*

1. Müde von der langen Reise
   auch die Sonne geht schon unter –
   legt sich Jakob seufzend nieder,
   deckt sich zu und schlummert ein.
   Jakob, siehst du?
   Jakob, hörst du,
   schläfst an einem
   wunderbaren Ort:
   Himmels Tor, Himmels Tor,
   Himmelstor und Gottes Wort.

   Im Wechselgesang:
   Solo für die Strophen
   (auch Kinder können
   einzelne Strophen sin-
   gen)

   Alle singen den Kehrvers, bilden den Chor
   und singen für Jakob,
   der auf dem Boden
   liegt und schläft.

2. Und ich träumte: eine Leiter
   stand gerad vor seinen Füßen
   und sie rührte mit der Spitze
   oben an des Himmels Haus.
   Jakob, siehst du?
   Jakob, hörst du, . . .

   Im Schattenspiel wird
   das Geschehen so
   schlicht wie möglich
   dargestellt.

   Zu Beginn jedes wei-
   teren Kehrverses, tre-
   ten Chor und Jakob
   wieder hervor.

3. Und die Engel Gottes stiegen
   auf und nieder brachten Botschaft
   hin zur Erde, brachten Fragen
   von den Menschen hin zu Gott.
   Jakob, siehst du?
   Jakob, hörst du, . . .

4. Gott nun sprach zum Schläfer Jakob:
   Hab nicht Angst auf deiner Reise,
   ich will dir und deinen Kindern
   helfen jetzt und überall.
   Jakob, siehst du?
   Jakob, hörst du, . . .

   Wenn Gott zu Jakob
   spricht, sieht man Ja-
   kob im Schatten an der
   Leiter stehen, hinauf-
   blicken und aufmerk-
   sam horchen.

5. Weiter sagte Gott zu Jakob:
   Einmal wird bei deinen Kindern,
   erst in hundert – hundert Jahren

eins sein, das ich selber bin.
Jakob, siehst du?
Jakob, hörst du, . . .

6. Als er nun vom Schlaf erwachte,
da erschrak er, daß gerade
hier er sich zum Schlafe legte,
wo die Himmelsleiter steht.
Jakob, siehst du?
Jakob, hörst du, . . .

7. Und er schichtet zum Gedenken
Steine auf und gab dem Orte
einen Namen, sagte Bethel,
denn das hier ist Gottes Haus.
Jakob, siehst du?
Jakob, hörst du, . . .

Mit Hilfe aller Mit-
spieler werden im
Rhythmus einige
große Steine weiterge-
reicht und von Jakob
zu einem Kreis gelegt.

Text: Kurt Rose
Melodie und Satz: Wilhelm Keller

Zur musikalischen Gestaltung

Der schwingende Bordun für ein Baßinstrument (das vorgeschla-
gene Baßmetallophon hat den Vorteil, daß es länger klingt und so
den Kindern die langsamen Schläge leichterfallen) wird von einem
Kind übernommen. Auch einzelne Baßstäbe können eingesetzt werden, oder Pauken (die dann aber gewissenhaft gestimmt werden
müssen!)
Die Begleitung für das Altglockenspiel am Schluß des Kehrverses
soll von einem Erwachsenen übernommen werden.
Die Erzieherin kann selbst diese Aufgabe übernehmen oder inter-
essierte und vorgebildete Eltern dafür gewinnen.
Natürlich lassen sich weitere Instrumente einbeziehen!

Text: Kurt Rose
Melodie und Satz: Wilhelm Keller
© beim Autor

„Gebet – Herr, wir danken dir" (Girotondo 1)

Danke
für den Regen, der die Bäume wachsen läßt,
für die Blumen, die schön sind,
für die Sterne am Himmel
und für das Wasser der Tümpel.
Für die Sonne, die wärmt
und den Wind, der erfrischt,
für den Mond in der Nacht,
für die Erde und das Meer.
Danke für die hohen Berge
von wo aus man weit sehen kann.
Danke für das Feld
und die Pflanzen des Gartens.
Danke, daß wir als Kleine wachsen können
und Jungen und Mädchen werden.

„Gebet – Herr, wir bitten dich" (Girotondo 1)

Herr
liebe die Kinder
die Hunger haben
die, die kein Haus haben
und draußen schlafen
bleib mit ihnen.

Wir bitten dich
für die Soldaten
die nicht mehr kriegen wollen
und die nicht lernen wollen zu töten.

Für die, die im Gefängnis sind
vergib Herr.

Beide Texte sollten vor allem Anlaß sein, mit den Kindern selbst Gebetstexte zu verfassen. Kinder sind heute ständig Eindrücken ausgesetzt, die sie kaum je verarbeiten können! Sie sehen Fotos von kriegerischer Aggression, sich vor Schmerz krümmender Menschen, schreiende, um Nahrung bettelnde Kinder; sie sind dabei, wenn das Fernsehen die Schreckensnachrichten aus aller Welt ins Wohnzimmer liefert, und sie erleben womöglich auch in ihrer eigenen Lebensumwelt Situationen von Lieblosigkeit angefangen, bis zur offenen Gewalt. Niemand, dem heute die Betreuung und Erziehung von Kindern anvertraut ist, darf vor dieser Wirklichkeit, in der die Kinder aufwachsen, die Augen verschließen!

Im Kindergarten gibt es Muße und Gelegenheit genug, um an die Aufarbeitung solcher Eindrücke zu denken und sie zu bewerkstelligen. Das gemeinsame Verfassen von Gebeten ermöglicht es den Kindern, ihre Ängste und Kümmernisse, ihre Vorstellungen von der Welt, ihre Hoffnungen und ihre Sehnsüchte in Worte zu fassen, sie auszusprechen und mit anderen Menschen und Gott zu teilen. So kann das Gefühl von Geborgenheit entstehen.

Die musikalische Gestaltung der Gebete kann unterschiedlich ausfallen. Vom *singenden Erzählen* angefangen, auch wieder in der Form von Vor- und Nachsänger, über das Ausschmücken mit einzelnen Klängen zu Beginn und zum Ende einer Phrase, bis hin zu darstellenden Gesten, Gebärden und kleinen Reigenformen, die immer wieder alle Kinder im Kreis zusammenführen. Der Gestaltungskraft jeder einzelnen Erzieherin und der ihr anvertrauten Kinder sind keine Grenzen gesetzt.

Sicher ist, daß die Verwendung musikalisch-tänzerischer Elemente immer schon und in allen Kulturen der Welt das Erleben und die Ausdrucksqualität von Sprache (besonders auch im religiösen Zusammenhang) intensiviert und aktiviert haben!

Literatur- und Quellenangaben

Bächli, Gerda:
Der Tausendfüßler.
Hug-Verlag, Zürich 1977
(Tropf, tripf, tropf, es tropft der Regen)

Borchers, Elisabeth (Hrsg.):
Das Große Lalula
Insel Verlag, Frankfurt/M. 1975
*(Irina Piwowarowa: Wie der
Schmetterling auf den Ball ging)*

Der Übergang vom Kindergarten zur
Grundschule
Frühpädagogische Hilfen und
Anregungen in altersgemischten
Gruppen.
Verlag Ludwig Auer, Donauwörth 1992
(16. Auflage)

Flitner, Andreas:
Spielen Lernen. Praxis und Deutung des
Kinderspiels.
Piper Verlag, München/Zürich 1986
(8. Auflage)

Galler, Helga:
Der kleine Nerino
Neugebauer Verlag, Salzburg und
München 1989

Gelberg, Hans-Joachim (Hrsg.):
Die Stadt der Kinder (dtv-junior 7073)
(Das große, kecke Zeitungsblatt)

Girotondo (1 und 2)
Textsammlung aus einem sizilianischen
Kindergarten.
Monte degli Ulivi, 93016 Riesi
Verlag Servizio Christiano, Monte degli
Ulivi,
CH-1006 Lausanne,
av. Eglise anglaise 20.
(ich habe viele Vögel gesehen . . .
Am Abend, wenn ich spaziere . . .
Die Sonne, die Wunder macht . . .
Die Vögel haben eine Stimme . . .
Auf dem Markt . . .
Gebet – Danke für den Regen . . .
Gebet   Herr, liebe die Kinder . . .
Gebet – Jesus war nicht böse . . .)

Guggenmos, Josef:
Sieben kleine Bären (dtv-junior 7082)
(Tlef, lief im tiefsten Tannenwald,
November)

ders.:
Was denkt die Maus am Donnerstag
(dtv-junior 7001)
(Nächtliches Vergnügen, Die Tulpe)

Hanisch, Hanna und Rolf (Hrsg.):
Das Kinderjahr. Heft 3: Nun blase,
Herbstwind, blase!
Deutscher Laienspiel-Verlag. Weinheim
1968
(Der Tanz im Gartenhaus,
Siebenblättchen)

Hoerburger, Christian/Widmer, Manuela:
Musik- und Bewegungserziehung.
Ein Handbuch für die Ausbildung von
Erzieherinnen und Erziehern.
Verlag Ludwig Auer, Donauwörth 1992

Huizinga, Johan:
Homo Ludens. Vom Ursprung der
Kultur im Spiel.
Rowohlt 1987 (ergänzte Neuausgabe von
1956; Originalausgabe erschienen 1938)

Keller, Wilhelm:
Ludi musici 1 – Spiellieder
Fidula Verlag. Boppard/Rhein und
Salzburg 1970
(102 Gespensterchen, Jede Nacht um
zwei)
Was uns die Dampflokomotive erzählt)

Martini, Ulrich:
Musikinstrumente – erfinden, bauen,
spielen.
Anleitungen und Vorschläge für die
pädagogische Arbeit
Klett Verlag, Stuttgart 1980

Müller-Felsenburg/Haller:
Du hast mich lieb. Mein erstes
Gebetbuch
Benziger-Verlag/Chr. Kaiser-Verlag
München
(Jesus lebt: Text
– Melodie: Fidula Verlag „Mosaik 124":
Singgebete für Kinder)*

Nykrin, R./Haselbach, B./
Regner, H. (Hrsg.):
Musik und Tanz für Kinder.
Ein Unterrichtswerk zur Musikalischen
Früherziehung
B. Schott's Söhne, Mainz 1985 und 1986

Orff-Schulwerk, Lieder für die Schule,
Band I
Schott-Verlag, Mainz 1960
(Karfreitagslied)

Rathmann, Ingeborg:
Orff-Instrumente und wie man sie spielt
Atlantis Verlag, Zürich/Freiburg i. Br.
1979

Rockel, Liselotte:
Das Liedernest
Fidula Verlag, Boppard/Rhein und
Salzburg 1971
(Christus ist auferstanden)

Schafer, Murray:
. . . wenn Wörter klingen.
Das neue Buch vom Singen und Sagen.
Rote Reihe Nr. 37, Universal Edition,
Wien 1972
ders.:
Schule des Hörens.
Rote Reihe Nr. 36, Universal Edition,
Wien 1972

Scheuerl, Hans:
Das Spiel. Untersuchungen über sein
Wesen, seine pädagogischen
Möglichkeiten und Grenzen.
Beltz Verlag, Weinheim und Basel 1990
(11. überarbeitete Neuausgabe)

Schwarting, Jutta:
Da Capo – Klingende Geschichten
Fidula Verlag. Boppard/Rhein und
Salzburg 1976
(Ruth Barley: Die Maus niest)

Spaß und Spiel
Anregungen für fröhliche Stunden mit
Vorschulkindern.
Volk und Wissen, VEB Berlin 1977
(Didel, Dudel, Didel – Nachdichtung:
Heinz Kahlau)

Steinwede, Dietrich:
Zu erzählen deine Herrlichkeit.
Biblische Geschichten für Schule, Haus
und Kindergottesdienst.
Verlag J. Pfeiffer, München 1967

Stern, Clara und William:
Die Kindersprache. Eine psychologische
und sprachtheoretische Untersuchung.
Wissenschaftliche Buchgesellschaft
Darmstadt 1928 (4. neubearbeitete
Auflage, Nachdruck 1987)

Tiede, Hans-Otto (Hrsg.):
Sieben Blumensträuße.
Reime und Gedichte für den
Kindergarten.
Volk und Wissen, VEB Berlin 1989
(Alfred Könner: Hopselied.
Das leise Gedicht
Ein schweres Los ('Fischleins Sprache')

Waggerl, Karl Heinrich:
Sämtliche Werke, II. Band
Otto Müller Verlag, Salzburg 1970
(Die dritte Osterlegende)

Wölfel, Ursula:
Achtundzwanzig Lachgeschichten.
Hoch Verlag. Düsseldorf 1969
(Die Geschichte vom Huhn und dem
Auto)

Vries, Anne de:
Bibel unserer Kinder.
Katholisches Bildungswerk/Veritas, Linz

Alle Texte von Manuela Widmer:
© Verlag Ludwig Auer

Alle (hier nicht angeführten) weiteren
Texte (und Melodie zu „Jakobs Traum")
von Wilhelm Keller: © beim Autor